PAPUS
(Dr Encausse)

CE QUE DEVIENNENT NOS MORTS

suivi de

MÉDITATIONS SUR LE "PATER"

et de quelques opuscules posthumes

SCIENTIA IMMVTA BILIS

PARIS
Éditions de la Sirène: 12 bis, rue La Boétie.

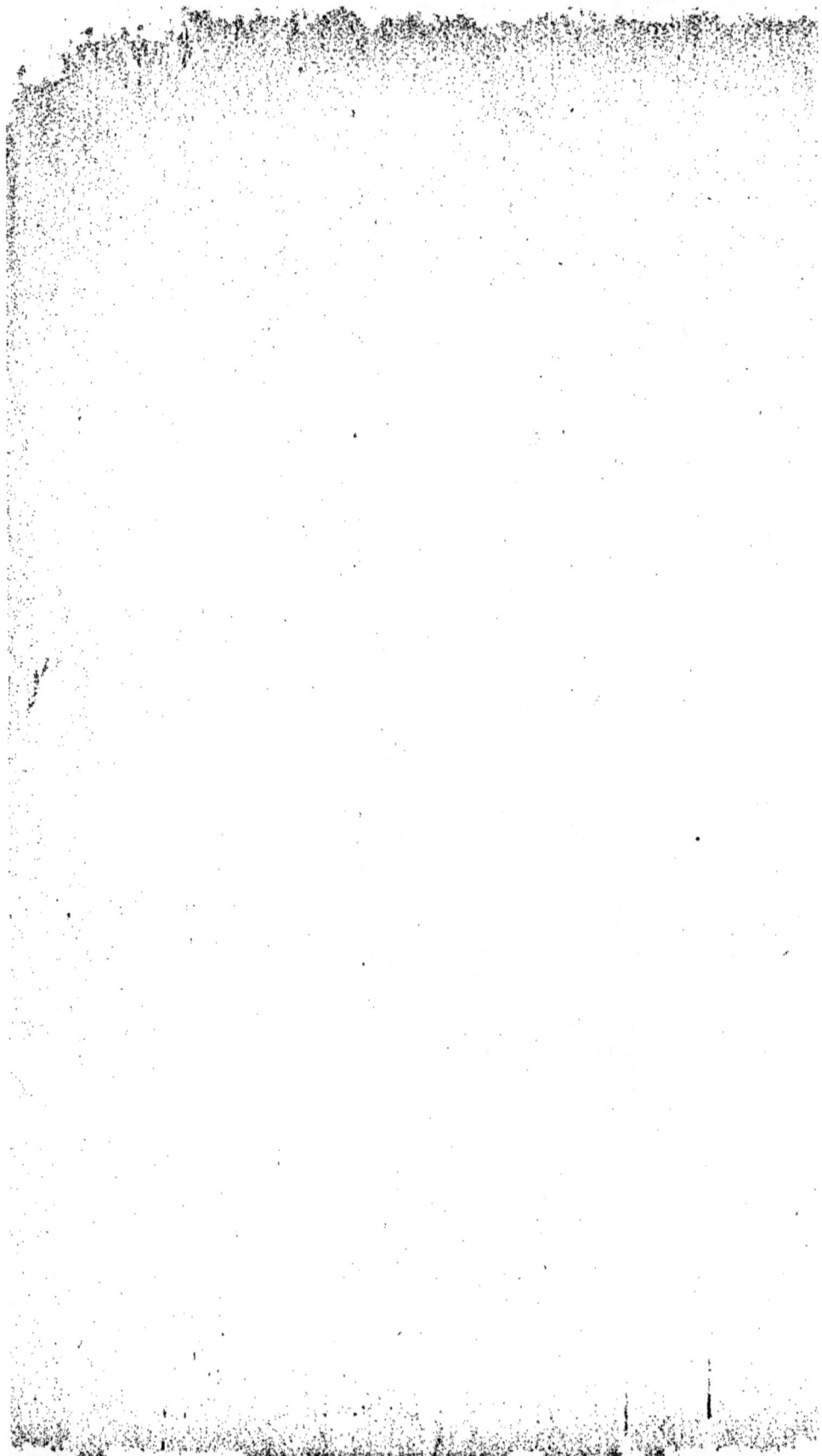

PAPUS
(Dr Encausse)

CE QUE DEVIENNENT NOS MORTS

suivi de

MÉDITATIONS SUR LE "PATER"

et de quelques opuscules posthumes.

SCIENTIA IMMVTABILIS

PARIS
Editions de la Sirène: 12 *bis*, rue La Boétie.

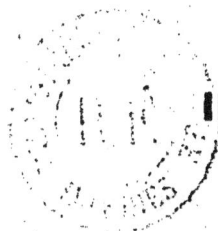

INTRODUCTION

Dans les douceurs de la Paix, quand l'existence coule tranquille et sans angoisse, le phénomène de la mort est un accident auquel on pense le moins possible.

Mais quand un cataclysme social comme la guerre vient brusquement enlever non seulement la fleur de l'humanité dans les armées, mais aussi de pauvres femmes et d'innocents enfants surpris par l'invasion ou le bombardement, ou brusquement engloutis dans un acte de piraterie inconcevable pour un cerveau normal, alors la Mort devient un problème captivant et qui mérite une étude sérieuse et approfondie.

Toutefois, les recherches relatives à ce phénomène si important pour l'humanité ont été abandonnées à des groupes opérant généralement avec des idées préconçues.

Pour les matérialistes, la Mort est une disparition totale de l'individu suivie d'une transformation physique et chimique de ses éléments constituants.

Pour le religieux, la mort est la remontée vers ce paradis énoncé par tous les croyants.

Entre ces deux écoles extrêmes se constitue peu à peu et avec bien de la difficulté une école expérimentale, qui s'efforce d'étudier le problème de l'après-vie comme tous les problèmes courants de biologie ou de psychologie transcendentale.

L'auteur voudrait, dans cet opuscule, faire ses efforts pour exposer aussi impartialement que possible les divers aspects de cette question d'après toutes les Ecoles. Mais l'auteur ne cache pas que, personnellement il est convaincu de la survivance de l'être humain au delà de la mort, et de la possibilité, dans certains cas, d'établir un rapport entre le plan où vit le « mort de la Terre » et le plan où pleurent et souffrent les habitants de ladite Terre.

Cette déclaration faite afin de ne pas laisser considérer ce travail comme la compilation d'un sceptique, l'auteur fera tous ses efforts pour ne froisser aucune opinion et pour présenter du mieux possible les arguments qu'il estime les plus clairs et les plus scientifiquement établis.

LA FORTERESSE FAMILIALE

Pauvres êtres, aujourd'hui désespérés, vous aviez construit avec patience votre nid social ! Grâce à vos privations, le fils était assuré de la tranquillité de sa vie matérielle, votre fille, élevée dans les bons principes, avait une dot sérieuse qu'elle gérerait elle-même avec intelligence...

Votre petite forteresse sociale et familiale était égoïstement protégée contre tous les risques. Valeurs à lots, assurances multiples, immeubles de bon rapport, tout contribuait à éloigner de vous ces heures d'angoisses dans lesquelles se débattent les artistes imprévoyants, les petits employés et les besogneux de toute espèce.

Mais brusquement le coup de tonnerre est venu : La guerre ! Votre fils, qui venait d'obtenir son diplôme d'architecte, est parti bravement comme sous-officier. C'est un Français. Votre gendre, marié depuis six mois à peine, est parti comme soldat d'infanterie...

Et la forteresse familiale a disparu, et les heures d'angoisse ont commencé. C'est alors que les femmes, la Mère et la fille, se sont révélées dans tout l'épanouissement de

leur cœur. Elles ont aidé les autres femmes plus malheu-
reuses qu'elles matériellement, mais non moralement, car
l'angoisse étreint pareillement toutes celles qui ont un
des leurs... là-bas.

Et les jours se sont succédé, coupés par de rares nouvelles des combattants...

Puis les lettres du fils se sont brusquement arrêtées.
Vos chers envois sont revenus avec la mention « Ce
paquet n'a pu joindre le destinataire ». Puis une nouvelle
officielle brève : le sergent X... est porté « Disparu » à
telle date, en tel endroit...

Le calvaire commence alors: recherche des camarades
pouvant fournir un détail quelconque, vous savez qu'on
l'a vu tomber, blessé, à la tête de sa section... Le silence
en réponse à toutes vos démarches... Les hypothèses
folles hantent nuit et jour votre imagination.

Enfin, pour tout achever, nouvelle officielle de la mort
de votre gendre, juste le lendemain du jour où sa femme
lui annonçait une naissance prochaine, et tous les trois
vous vous trouvez face à face avec deux terribles puissances: le Destin, implacable et inconnu, la *Mort*...

Que deviennent tous les petits calculs humains, toutes
les petites combinaisons calmes de la vie courante,
devant l'apparition dominatrice de ces forces auxquelles
on ne pensait jamais?

L'individu a disparu devant la collectivité. La famille a disparu devant le social, et chaque atome humain a été désorbité pour devenir une cellule de défense de la Patrie en danger...

Pourquoi cet implacable destin ?

Que deviennent nos morts ?

C'est ce que nous allons maintenant demander à ceux-là que ces questions passionnaient déjà avant la guerre. Chaque division de notre étude, correspondra à une des parties du sphinx antique : l'Aigle, l'Homme, le Lion, le Taureau.

CHAPITRE Ier

SECTION DE L'AIGLE

L'Intuition féminine. — L'Idéal.

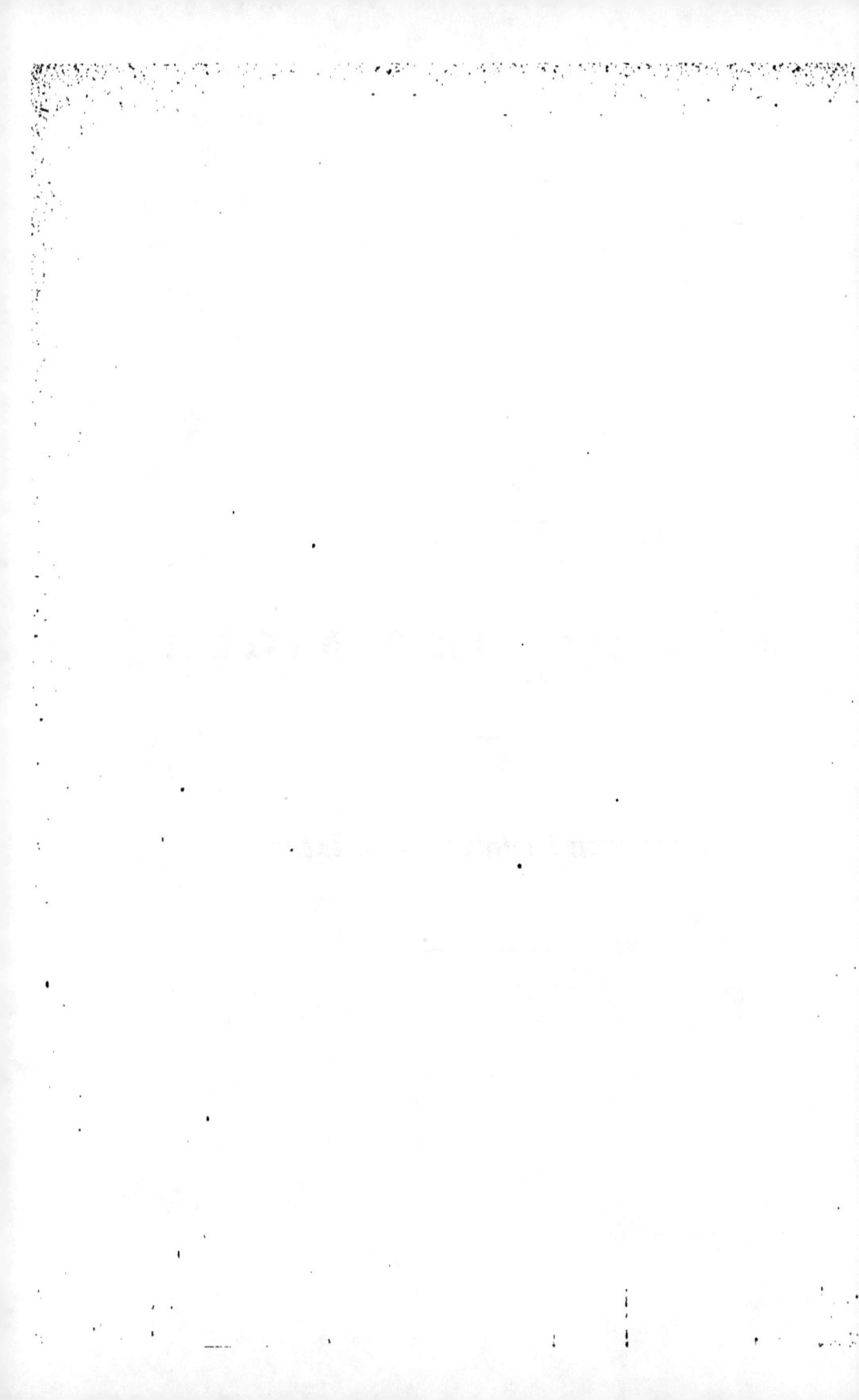

I.

L'Intuition féminine. — L'Idéal.

Le cerveau raisonneur et sceptique de l'homme a besoin d'arguments secs, précis et appuyés sur des faits.

Mais pour vous, mères, épouses, sœurs qui pleurez un cher disparu, cette argumentation est inutile.

Votre intuition suffit.

Gardiennes des forces les plus subtiles de la Nature, quelque chose réside en vous, qui parle plus clairement et plus haut que tous les raisonnements compliqués des hommes.

Vous sentez et vous savez que les « chers morts » sont là autour de vous. Ils viennent en un songe trop peu souvent renouvelé embrasser la mère ou l'épouse aimée... le petit enfant que les forces terrestres n'ont pas encore accaparé tout à fait, vit aussi « sur les deux plans » et il aperçoit à l'état de veille le « papa soldat » que la mère pleure en cachette !

Hallucinations, troubles nerveux, folies, dit le savant... Mais la femme sent bien que ce sont là des réalités plus hautes que les réalités terrestres.

Le chien malade lâché dans la campagne trouve l'herbe nécessaire à sa guérison, et pourtant la pauvre bête n'a perdu son temps dans aucune école. Mais une force circule en lui, plus infaillible que la science de beaucoup d'humains, et cette force, c'est l'intelligence de la Nature que le profane appelle: Instinct.

Or, vous êtes les gardiennes sacrées de cette intelligence formatrice de la Nature, ô femmes, dans toutes les classes sociales...

Ecoutez donc au fond de votre cœur le murmure de cette voix mystérieuse qui n'est perceptible que pour vous...

Rappelez-vous que la même voix enchanta jadis votre cœur de jeune fille quand le fiancé vous parlait pendant les longues et inoubliables promenades.

Puis, quand le petit enfant est né, avant même qu'il pût parler, la douce et mystérieuse voix se fit encore souvent entendre...

Et maintenant, au plus profond de la douleur, la voix crie encore: Non, mère, ton fils n'est pas disparu sans recours... Le créateur c'est le Père Divin et un Père n'est jamais un bourreau.

Il est tombé pour *tous les autres* et par là il est devenu une des lumières des cieux invisibles... Un rideau le sépare de toi et ton amour saura faire lever ce rideau...

Courage, femme écrasée par la douleur, espère, prie et
garde pour toi seule les paroles de la voix...

Que ton cœur se ferme aux profanes et aux profanateurs, renvoie les savants et les sceptiques à leurs études...
et toi appelle le cher disparu, prie ceux qui sont là-haut
de t'éclairer, et la douce Vierge de lumière étendra sur
toi son voile de pourpre céleste et d'or astral... et derrière ce voile tes chers morts te souriront et te béniront..

Femmes de la Terre, glorieuses ou crucifiées, soyez
bénies, comme vous le méritez !

C'est à vous donc que je fais appel tout d'abord,
ô femmes qui avez perdu un être cher: fils, mari, ou parent
proche, c'est à vous dont l'intuition n'a pas été déformée
par la science incomplète du siècle que je m'adresse.
N'est-ce pas que vous savez bien que l'être aimé n'est pas
disparu pour toujours? N'est-ce pas que vous sentez la
vérité de l'affirmation de toutes les religions de la Terre
et surtout de la vôtre, quand elles vous disent que la
Mort n'est qu'une transformation momentanée?

Vous avez la certitude au fond de votre être que vous
reverrez le disparu d'autant plus sûrement qu'il s'est
volontairement sacrifié pour sa Patrie.

Et cette intuition mystérieuse est le relief de la vérité
même, le disparu a changé d'état, mais il est toujours lui-

2

même plus élevé encore que son sacrifice. Il est toujours lié aux êtres demeurés sur Terre par l'Amour qui est impérissable, un simple rideau l'en sépare et ce rideau peut parfois être levé.

Que votre cœur se calme donc, que l'angoisse doulou-reuse abandonne votre être, et soyez confiante et forte, femme que la Nature a élue pour conserver ses formes les plus précieuses et ses germes les plus secrets. Séchez vos larmes, car celui que vous pleuriez n'est pas loin. Il est comme un voyageur cheminant dans une contrée nouvelle et ne pouvant encore communiquer facilement avec ceux qui sont restés... là-bas.

Cherchez dans le calme de l'Esprit à percevoir le rayonnement de son amour. Sentez bien comme il entoure de sa présence ses petits enfants et tous ceux qu'il a lais-sés. Demandez ardemment aux Etres plus élevés que nous de vous assister. Priez selon le rituel de votre Religion et alors il vous sera peut-être donné de revoir dès ici-bas le disparu, car la Mort n'a plus de terreur pour qui connaît les Mystères et n'est alors qu'un simple change-ment où la Terre reprend le corps qu'elle avait prêté à l'Esprit pour une existence et où cet Esprit, libéré et revêtu d'un nouveau corps plus subtil, évolue dans un nouveau plan.

Priez donc, et le voile se lèvera pour vous.

Nous allons maintenant nous efforcer de vous expliquer tous ces termes: *Esprit, corps subtil, Plan* et plus
tard nous reprendrons cette explication pour les cerveaux
fermés des hommes raisonneurs et sceptiques. Que ceux-
là considèrent pour le moment ces pages comme une
douce rêverie, elles ne sont pas écrites pour eux...

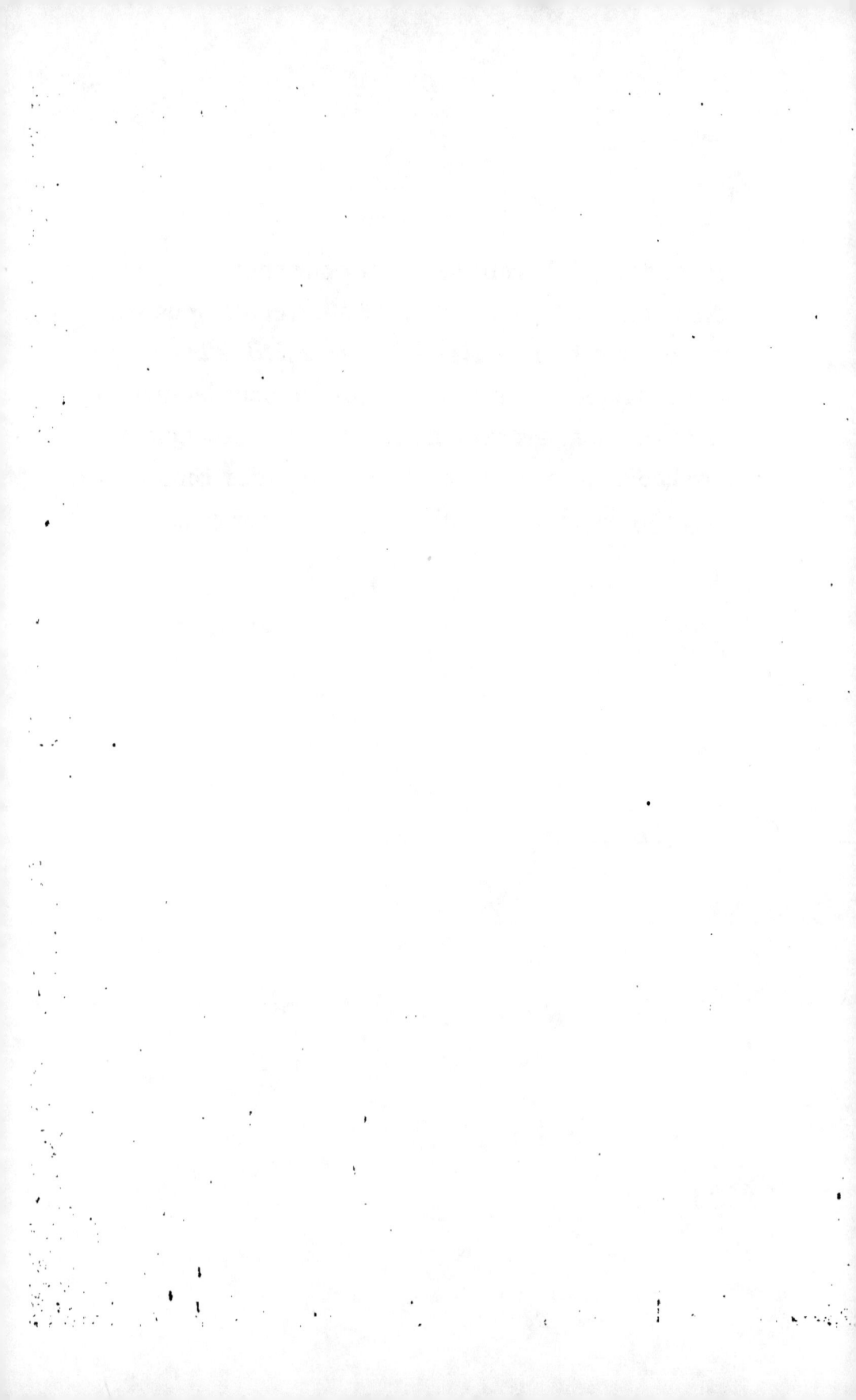

CHAPITRE II

SECTION DE L'HOMME

Constitution de l'Être humain. — La mort et l'évolution des trois principes. — Le cerveau humain et son évolution. — Les sceptiques devenus croyants.

II

Constitution de l'Être humain.

Il serait impossible de comprendre quelque chose à ce que nous dirons des tranformations de l'être humain après la mort, si nous ne disions pas dès maintenant sa constitution pendant la vie. Bien entendu, nous n'entrerons dans aucun détail concernant la démonstration de nos dires, puisque de gros volumes sont consacrés par une foule d'écoles à cette question.

Pour être clairs, ce qui est notre but principal, nous rappellerons que l'être humain était considéré par les anciens initiés comme réunissant pendant la vie terrestre trois principes ou éléments de constitution :

1° Le Corps physique, prêté par la Terre pour une existence, et rattaché à cette terre par les aliments au moyen desquels elle pourvoit à la croissance, puis à l'entretien de ce corps physique.

2° La Vie, qui est comme une étincelle jaillissant entre les deux pôles de constitution de l'Homme: le Corps en bas, l'Esprit en haut. La vie est rattachée par la Respiration à l'atmosphère terrestre, et l'atmosphère terrestre est rattachée à la Lumière du Soleil qui la dynamise. La respiration rattache donc l'homme aux forces émanées des Astres, dont le Soleil est le centre de direction.

Aussi la Vie a-t-elle reçu une foule de noms qui embrouillent bien le pauvre débutant en ces études. Saint Paul l'appelle l'âme (*Corpus, Anima et Spiritus*), les Ecoles spirites l'appellent le périsprit; les Occultistes le corps Astral... et nous n'en finirions pas s'il fallait citer les noms hébraïques, égyptiens, chinois, sanscrits, donnés à ce principe de la Vie qui a intéressé tous les chercheurs.

3° L'esprit immortel, rattaché par l'Intuition, la Sensibilité et la Volonté aux forces du Plan invisible.

Pendant la Vie terrestre ces trois principes sont intimement unis les uns aux autres. L'esprit se libère pendant le sommeil et laisse la Vie nettoyer le corps et faire marcher les organes qui dépendent directement de la Vie organique.

Résumons : trois principes constituent l'Homme incarné :

Le Corps physique, la Vie, l'Esprit.

Le Corps physique rattaché à la Terre, la Vie rattachée aux astres, à la vie universelle, l'Esprit rattaché aux Forces supérieures et au Plan divin.

Laissons de côté toutes les analyses de ces Principes constituants en sept, neuf ou vingt et un éléments. Cela ne change rien à la question et ne fait qu'embrouiller des choses bien claires.

Qu'arrive-t-il de nos trois principes au moment de la Mort ?

L'étincelle vitale s'éteint et la vie, ou mieux la force vitale, se groupe en deux pôles :

 a) Une partie, la plus lumineuse, reste autour de l'Esprit et forme le char astral, le char de l'âme (Pythagore), le corps subtil qui enveloppe l'esprit dans le plan des Astres ;

b) Une autre partie, la plus obscure, reste dans le corps physique devenu cadavre.

Le cadavre retourne à la terre, comme un habit usé retourne chez le fripier. Les mites peuvent détruire l'habit, comme la terre peut reprendre son bien à son gré, mais ce cadavre n'est rattaché que par un lien très subtil à l'Esprit qui l'habitait.

Ce n'est pas au cadavre qu'il faut rendre un culte, c'est à tout ce que l'être disparu a laissé d'amour et de pensées sur la Terre.

Enfin l'Esprit garde sa personnalité complète. Le choc du passage d'un plan à l'autre obscurcit bien ses facultés pendant un moment, mais il est entouré de tous les siens partis avant lui, s'il est mort pour la collectivité, il est de plus aidé par des êtres spirituels qui le délivrent de toute souffrance possible, et, s'il faut pleurer sur quelqu'un, c'est, certes, sur les pauvres aveugles de la terre et non sur cet esprit libéré par le sacrifice et illuminé par l'offrande de sa vie terrestre en vue de sauver la collectivité de sa Patrie.

Tel est l'enseignement des Sanctuaires depuis plus de sept mille ans. Cette existence personnelle après la vie terrestre, tous les initiés en étaient sûrs, parce qu'*ils l'avaient vécue* expérimentalement. L'initiation aux mystères d'Isis n'avait pas d'autre but, dans sa partie élémentaire, et, l'Initiation à tous les Mystères dans tous les pays avait le même objectif.

En sanscrit on nomme « Dwidja » ou « vivant sur les deux plans » celui qui connaît pratiquement ces vérités.

C'est donc par suite d'un arrêt dans les études scientifiques ou d'une déformation de ces études que certains cerveaux ont pu croire de bonne foi que tout devenait dans l'homme, choux, carottes ou fleurs sauvages après la mort.

La Nature est la plus méticuleuse des avares et elle n'aurait pas passé des siècles à faire évoluer un cerveau humain, pour annihiler en une minute l'effort lent et progressif de tant d'années.

L'esprit humain survit à la mort physique et tout nous conduit à vérifier cette affirmation.

II

La Mort et l'Évolution des Trois Principes.

Nous n'avons pas tous été en Chine et cependant nous ne doutons pas de l'Existence effective de ce pays, parce que nous avons confiance dans les voyageurs qui en reviennent et qui nous en parlent, et dans une foule d'autres preuves qui nous donnent la certitude que la Chine existe.

Mais dès qu'il s'agit des autres plans d'existence, notre certitude est bien amoindrie. Les sceptiques disent : personne n'est jamais revenu dire ce qui se passe là-bas... Et les sceptiques ont tort, car certains des pâles voyageurs sont revenus nous parler... Et puis tout ce qui touche à ce plan d'une nouvelle existence dans un autre corps que le physique fait peur aux cerveaux mal préparés à la conception calme des réalités, quelles qu'elles soient, et l'on se dit : quand j'y serai, je verrai bien.

Par contre, ceux qui sont encore dans le plan physique, ceux qui restent de ce côté pendant que les êtres chers sont partis, voudraient savoir... voudraient avoir de minutieux détails et c'est pour ceux-ci que nous écrivons ces pages.

Sachons d'abord que si, pour un savant initié aux

antiques mystères d'Egypte, les phases de la Mort étaient aussi connues que celles de la Naissance pour un Médecin, puisque l'initiation consistait justement à se rendre compte pratiquement de ces phases; pour un cerveau contemporain, il en est tout autrement.

Les sciences psychiques sont en phase de constitution au point de vue des corps scientifiques dits « sérieux ». Certains spécialistes des Académies voués à ces recherches admettent qu'il y a « quelque chose », mais sans aller jusqu'aux affirmations des Spirites ou des Occultistes.

Nous tenons donc à bien poser dès maintenant le caractère de notre travail et à dire que certaines de nos affirmations dérivent de nos expériences et de nos études personnelles, bien que nous ayons la certitude que tout cela sera « scientifique » dans vingt ans, comme c'était scientifique vers l'an 2.600 avant J.-C.

Le phénomène de la mort nous apparaît, au point de vue purement physiologique, comme caractérisé par les faits suivants :

1° Rupture de l'équilibre des forces qui produisaient l'étincelle vitale ;

2° Dédoublement de l'être humain en deux sections : a) le cadavre; b) un autre corps plus subtil que le cadavre et qui se dégage de ce dernier ;

3° Manifestation possible et évolution des facultés intellectuelles restées dans ce second corps fluidique, après le choc forcé causé à ces facultés par le phénomène de la Mort....

III

Le Cerveau humain et son Évolution.

Le cerveau humain est un organe qui évolue comme tous les autres organes. Il digère les idées et personnalise des pensées, comme l'estomac digère des aliments et les prépare à former de la substance humaine personnalisée.

Il y a des cerveaux de tout âge chez des hommes d'âge différent : un homme de soixante ans qui n'a jamais utilisé ses facultés intellectuelles peut avoir un cerveau de dix ans, tandis qu'un artiste de vingt ans qui a déjà souffert et qui a créé sa personnalité à travers les épreuves peut avoir un cerveau de cinquante ans. Il y a des cerveaux qui rayonnent et d'autres qui absorbent.

Enfin, il y a différents stades dans le développement des fonctions du cerveau :

Tout d'abord, l'être humain ne se différencie pas de la masse : il croit ce qu'on lui dit de croire, il ne mûrit pas par une nouvelle digestion les idées qu'on lui sert toutes prêtes. Si l'enseignement qu'il a reçu est religieux, il croit aux idées religieuses; si, au contraire, l'enseignement primitif est irréligieux et prend sa source dans les journaux à tendances démagogiques ou dans les feuilletons dits populaires, alors cet être ne croit à rien en dehors de la vie matérielle et de son amélioration par « la lutte des classes ». Nous ne critiquons rien, nous constatons.

Au second stade du développement cérébral commence la création de la personnalité intellectuelle.

L'individu nie d'abord tout ce qu'il a appris dans le premier stade. S'il a été élevé dans un milieu croyant, il devient tout à fait incroyant, et il n'est réellement capable d'évoluer que lorsqu'il est devenu entièrement matérialiste et athée.

C'est du sein de cette noirceur cérébrale, de cette négation de tout acquis antérieur que sortira plus tard la rouge croyance raisonnée et personnelle. Mais il faut auparavant que le cerveau s'organise et traverse les phases de : doute, négation, matérialisme, puis positivisme, création d'un système personnel, et enfin : croyance raisonnée et dérivée des faits et des pensées individuelles.

Le matérialiste sent parfaitement que son cerveau est plus évolué que celui du croyant du début, mais le matérialiste se figure qu'il est aussi plus évolué que le croyant par création personnelle, et c'est là son erreur.

Pour se rendre compte de l'existence effective de ces différents stades d'évolution cérébrale, il suffit de lire avec soin la vie d'Auguste Comte, le créateur du positivisme, qui est devenu mystique à la fin de ses jours, par évolution normale du cerveau et cela au grand scandale de ses disciples, restés en route, qui l'ont cru fou.

IV

Les Sceptiques devenus Croyants.

Il existe toute une bibliothèque de volumes consacrés au problème que nous ne faisons qu'esquisser ici.

Dans une excellente brochure *L'au-delà et la survivance de l'être*, l'auteur, Léon Denis (1), bien connu de tous les psychistes, écrit à propos des sceptiques devenus croyants quelques lignes que nous nous faisons un plaisir de citer en renvoyant le lecteur à l'ouvrage entier :

« N'est-ce pas là une chose singulière ? Jamais peut-être on n'avait vu un ensemble de faits, considérés d'abord

---

(1) Léon Denis. *L'Au-delà et la survivance de l'Être.* Paris, Durville, 1912. In-18.

comme impossibles, dont l'idée ne soulevait dans la pensée de la majorité des hommes que l'antipathie, la méfiance, le dédain, qui étaient en butte à l'hostilité de plusieurs institutions séculaires, finir par s'imposer à l'attention et même à la conviction d'hommes instruits, de savants compétents, autorisés par leurs fonctions et leur caractère.

« Ces hommes, d'abord sceptiques, en sont venus, par leurs études, leurs recherches, leurs expériences, à reconnaître et à affirmer la réalité de la plupart des phénomènes spirites.

« Sir Williams Crookes, le plus grand physicien des temps modernes, après avoir observé pendant trois ans les matérialisations de l'esprit de Katie King et les avoir photographiées, a déclaré : Je ne dis pas : cela est possible, je dis : cela est.

« On a prétendu que W. Crookes s'était rétracté. Or, il a répondu lui-même à cette insinuation dans son discours d'ouverture au Congrès de Bristol, comme président de *l'Association britannique pour l'avancement des sciences*. Parlant des phénomènes qu'il a décrits, il ajoute:

« Je n'ai rien à rétracter, je m'en tiens à mes déclarations déjà publiées. Je pourrais même y ajouter beaucoup.

« Russell Wallace, de l'Académie Royale de Londres, dans son ouvrage intitulé : *Le Miracle et le moderne*

spiritualisme, a écrit : « J'étais un matérialiste si parfait
« et si éprouvé que je ne pouvais, en ce temps, trouver
« place dans ma pensée pour la conception d'une exis-
« tence spirituelle... Les faits, néanmoins, sont choses
« opiniâtres : les faits m'ont vaincu. »

« Le professeur Hyslop, de l'Université de Columbia,
New-York, dans son rapport sur la médiumnité de
Mrs. Piper entrancée, a dit :

« A en juger d'après ce que j'ai vu moi-même, je ne
« sais comment je pourrais me dérober à la conclusion
« que l'existence d'une vie future est absolument démon-
« trée. »

« F. Myers, professeur à Cambridge, dans son bel
ouvrage : *La Personnalité humaine* (1), en arrive à cette
conclusion : « Que des voix et des messages nous revien-
« nent d'au delà de la tombe. »

« Parlant de M. Thompson, il ajoute : « Je crois que
« la plupart de ces messages viennent d'esprits, qui se
« servent temporairement de l'organisme des médiums
« pour nous les donner. »

« Richard Hodgson, président de la *Société améri-
caine de Recherches psychiques*, écrivait dans les *Pro-*

---

(1) *Paris, Alcan. 1905. In-8°.*

ceedings of Society Psychical Research : « Je crois, sans
« avoir le moindre doute, que les communicants spirites
« sont bien les personnalités qu'ils disent être ; qu'ils
« ont survécu au changement que nous appelons la mort,
« et qu'ils ont communiqué directement avec nous, les
« soi-disant vivants, par l'intermédiaire de l'organisme
« de Mme Piper endormie. »

« Le même Richard Hodgson, décédé en décembre 1906, s'est communiqué depuis à son ami James Hyslop, entrant dans des détails minutieux au sujet des expériences et des travaux de la Société des Recherches psychiques. Il explique comment il faudrait les conduire de manière à prouver son identité (1).

« Ces communications sont transmises par différents médiums qui ne se connaissent pas, et elles se confirment les unes par les autres. On reconnaît les mots et les phrases qui étaient familiers au communicant pendant sa vie.

« Sir Olivier Lodge, recteur de l'Université de Birmingham et membre de l'Académie royale, écrit, dans *The Hilbert Journal*, ce qui suit (reproduit par le *Light*, du 8 juillet 1911) :

« Parlant pour mon compte et avec le sentiment de

(1) Voir les Proceedings S.P.R.

« ma responsabilité, j'ai à constater que comme résultat
« de mon investigation dans le psychisme, j'ai à la
« longue et tout à fait graduellement acquis la convic-
« tion, et suis maintenant convaincu, après plus de vingt
« ans d'études, non seulement que la persistance de l'exis-
« tence personnelle est un fait, mais qu'une communica-
« tion peut occasionnellement, mais avec difficulté et
« dans des conditions spéciales, nous parvenir à travers
« l'espace. »

« Et dans la conclusion de son livre récent : *La Survivance humaine* (1), il ajoute :

« Nous ne venons pas annoncer une nouvelle extraor-
« dinaire ; nous n'apportons aucun moyen de commu-
« nication, mais simplement une collection de preuves
« d'identité soigneusement établies, par des méthodes
« développées quoique anciennes, plus exactes et plus
« voisines de la perfection, peut-être, que celles obtenues
« jusqu'ci. Je dis « des preuves soigneusement établies »,
« car l'ingéniosité avec laquelle elles ont été préparées
« se rencontre autant de l'autre côté de la barrière que
« du nôtre ; il y a eu distinctement coopération entre
« ceux qui sont dans la matière et ceux qui n'y sont pas. »

« Le professeur W. Barrett, de l'Université de Dublin,

---

(1) La Survivance humaine, par sir Oliver Lodge, traduit de l'anglais par
le docteur Bourbon. Paris 1912. Félix Alcan, éditeur.

déclare (*Annales des Sciences psychiques*, novembre et décembre 1911) :

« Sans doute, pour notre part, nous croyons qu'il y a
« quelque intelligence active à l'œuvre derrière l'auto-
« matisme (écriture mécanique, trance et incorporations)
« et en dehors de celui-ci une intelligence, qui est plus
« probablement la personne décédée qu'elle affirme être,
« que toute autre chose que nous pouvons imaginer... Il
« est malaisé de trouver une autre solution au problème
« de ces messages et de ces *correspondances croisées*,
« sans imaginer une tentative de coopération intelli-
« gente entre certains esprits désincarnés et les nôtres. »

« Le célèbre Lombroso, professeur à l'Université de Turin, écrivait dans la *Lettura* :

« Je suis forcé de formuler ma conviction que les phé-
« nomènes spirites sont d'une importance énorme, et qu'il
« est du devoir de la science de diriger son attention
« sans délai sur ces manifestations. »

« M. Boutroux, membre de l'Institut et professeur à la Faculté des lettres de Paris, s'exprime ainsi dans le *Matin* du 14 mars 1908 :

« Une étude large, complète, du *psychisme* n'offre pas
« seulement un intérêt de curiosité, même scientifique,
« mais intéresse encore très directement la vie et la desti-
« née des individus et de l'humanité. »

« Le savant M. Duclaux, directeur de l'Institut
Pasteur, dans une conférence faite à l'Institut général
psychologique il y a quelques années disait : « Je ne
« sais si vous êtes comme moi, mais ce monde peuplé
« d'influences que nous subissons sans les connaître,
« pénétré de ce *quid divinum* que nous devinons sans
« en avoir le détail, eh bien ! ce monde du psychisme
« est un monde plus intéressant que celui dans lequel
« s'est jusqu'ici confinée notre pensée. Tâchons de l'ou-
« vrir à nos recherches. Il y a là d'immenses découvertes
« à faire dont profitera l'humanité. »

Toutes ces citations s'appliquent à des positivistes
prêts à passer du système personnel, qu'ils se sont fait,
à toute une série de croyances raisonnées qui les amènera
peu à peu à cet état du cerveau que les écoles orientales
comparent à une eau tranquille, dans laquelle peuvent se
refléter et parvenir jusqu'à la conscience de l'état de
veille tous les enseignements reçus par l'Esprit humain
dans les *Plans Invisibles de la Nature.*

Cette évolution des croyances peut, ce qui est rare, se
réaliser entièrement dans une seule vie humaine, comme
dans le cas d'Auguste Comte ; soit, plus fréquemment,
demander plusieurs existences.

Dans le premier stade, alors que l'homme se contente
d'admettre, sans les discuter, les idées qu'on lui présente,

on peut placer tous les êtres capables de croyances aveugles et légèrement superstitieuses, telles, par exemple, que la croyance à saint Antoine de Padoue pour retrouver un objet perdu, obtenir une place, et tous ceux enfin qui suivent machinalement d'après une impulsion primitive les préceptes d'une religion quelconque.

Dans le deuxième, le cerveau commence à vouloir connaître les limites de son domaine, il pénètre dans le pays du doute et de la négation. On peut y placer toutes ces grandes intelligences qui n'ont pas encore rencontré leur voie et qui, de Galilée à Tolstoï, ont étonné le monde par la lutte constante de leur génie avec la terrible, immuable et unique vérité.

Comme prototype du cerveau qui a pénétré dans le froid équilibre du troisième stade, celui du Matérialisme pur, qui est souvent fataliste, nous indiquerons le médecin positiviste et athée, n'ayant jamais trouvé l'âme sous son scalpel, pas plus du reste que le mécanicien ne trouve le télégraphiste en démontant un appareil ou le violoniste en brisant le violon. Le médecin matérialiste nie froidement tout ce qui ne tombe pas dans sa logique mentale. Même si son cœur venait à enregistrer tout à coup une vivante et merveilleuse vérité, son cerveau se fermerait et ne laisserait pas passer jusqu'à sa conscience cette vérité étrangère. Les faits qui n'entrent pas dans sa manière de voir sont purement et simplement rejetés sans examen.

Puis, sous l'influence d'une douleur, peut-être, viennent les « lueurs nouvelles »; le Positiviste ne recule plus devant les faits les plus contraires à sa manière de voir, mais il les étudie d'une façon impartiale: citons ici les noms de Lodge, Myers, Russell Wallace, Lombroso, Charles Richet, etc...

Voici maintenant le cinquième stade, dans lequel nous classerons tous les cerveaux qui ont réussi par l'étude des faits à se créer un système personnel plus ou moins rapproché de l'enseignement de la tradition. Peu à peu ils seront amenés, non plus à la croyance aveugle, mais à la croyance expérimentale, raisonnée.

C'est alors, à tous ses degrés, la connaissance directe par le cœur des grandes vérités spirituelles, mais c'est en même temps la réception dans le cerveau de ces vérités grandioses. C'est l'équilibre parfait entre les facultés féminines et masculines de l'être humain. La lumière merveilleuse de la Foi illumine alors les cellules cérébrales, qui, à leur tour, adaptent à la vie physique, parfois en les recouvrant d'un voile nécessaire, les connaissances spirituelles parvenues jusqu'à elle.

Alors, enfin, l'organisme physique de l'homme constitue pour son principe directeur: l'âme, un instrument parfait. L'Evolution cérébrale est terminée pour la terre.

CHAPITRE III

SECTION DU LION

---

*Les trois plans. — Les forces dans les trois plans. —
Communication entre les plans. — L'Expérimentation.
— Union du Visible et de l'Invisible. — Les erreurs
et les pièges. — La Foi active et la Prière.*

I

La Notion des Plans.

Lorsqu'on lit pour la première fois les ouvrages des écrivains qui se sont voués à l'étude des forces invisibles, on est arrêté par une foule de termes techniques. En poursuivant ses lectures et en contrôlant un auteur par l'autre, on arrive vite à comprendre ce jargon spécial et on se reconnaît fort bien dans les termes de: périsprit, forces métapsychiques, corps astral, plan astral, plan mental, forces Kama manasiques, esprits supérieurs, etc., etc...

Il est toutefois des termes sur lesquels nous croyons devoir insister dès maintenant, entre autres celui de *plans*.

Mettons dans un verre à expériences :

1° Du Mercure ;

2° De l'Eau ;

3° De l'Huile.

Ces trois substances ne se mêlent pas. Elles forment dans le verre trois couches ou plans.

Si nous supposons ces substances habitées par des êtres vivants : végétaux inférieurs, bactéries, ou autres, nous aurons :

Les habitants du plan de Mercure en bas ;

Les habitants du plan d'Eau au milieu ;

Enfin les habitants du plan d'Huile en haut.

Tous ces êtres et toutes ces substances sont dans le même verre et cependant ils ne communiquent pas les uns avec les autres : ils sont séparés par la Densité de chacun des milieux où ils évoluent.

Or, les occultistes ont divisé la Nature en trois tranches ou plans correspondant à l'image que nous venons d'analyser.

En bas, il y a le *plan matériel* formé de tout ce qui est visible et matérialisé aussi bien sur Terre que dans toutes les planètes ; c'est le plan des corps physiques et des forces physiques.

Au-dessus ou au dedans de ce plan, existe le plan des forces vitales, des forces animatrices. La vie qui circule en notre corps est un exemple de cette force. Or, cette vie, d'après les enseignements de l'antique science Egyptienne, cette force vitale qui circule en nous est la même force qui circule dans les *astres*. Aussi a-t-on donné le nom de *forces astrales* aux forces de ce plan nommé lui-même : *plan astral*.

Au-dessus encore, nous trouvons le plan des forces spirituelles, de la Personnalité, de la Volonté qui repousse ou accepte les épreuves, enfin de toutes les manifestations de l'*esprit* immortel relié directement au plan divin.

Nous avons employé ici les expressions : en bas, au milieu, en haut, pour la seule satisfaction des habitudes de notre cerveau.

En réalité, les divers plans sont *en dedans* les uns des autres, ils se pénètrent sans se confondre, comme un rayon de Soleil traverse une vitre sans faire corps avec elle, comme le sang circule dans le corps en se renfermant toutefois dans ses vaisseaux.

Il n'y a donc pas à chercher un lieu spécial, un endroit physique où sont cantonnés les Morts de la Terre. La tradition enseigne bien que certains êtres chargés de matière, après leur mort, sont cantonnés dans les cônes d'ombre que chaque planète traîne après elle dans les cieux, mais c'est là une exception. En général nos morts sont dans le même lieu que nous, mais dans un *autre plan* de ce lieu, comme l'huile, l'eau et le mercure sont *dans le même verre* et cependant ils se mêlent encore moins que les plans du visible et de l'invisible qui, eux, se pénètrent les uns les autres complètement.

C'est donc par une confusion regrettable que certains auteurs ont voulu « loger » les morts dans un endroit quelconque du *plan physique*. On les a placés au centre de la Terre, puis dans les autres planètes, puis dans des soleils divers. Il est clair que tout cela est possible, mais dans le plan astral de ces différents endroits et non dans le plan physique qui est réservé aux corps physiques matérialisés et incarnés.

Mais peut-on faire passer un être momentanément, du plan invisible ou astral dans le plan visible ou physique? C'est la grande question des *évocations* dont nous dirons tout à l'heure quelques mots, mais nous devons encore insister un peu sur cette notion des plans, car il importe de s'en faire une idée aussi nette que possible.

La notion des *plans* joue, en effet, un rôle considérable dans l'étude des problèmes psychiques, et beaucoup de confusions ou d'inventions sans portée proviennent précisément de l'obscurité sur cette notion des *plans*.

Ainsi, tout être du *plan physique*, tout être incarné et matérialisé ne peut être enfermé que dans un cube ou mieux dans un corps à trois dimensions; ce qui veut dire en langage clair que lorsque l'on veut « boucler » un apache, il faut le mettre entre quatre murs avec une porte solide, un plafond à l'abri des fuites et un plancher de même. Cage à mouches, ou cellule de prison centrale, c'est un cube ou une forme à trois dimensions, qui est nécessaire pour enfermer un être du plan physique : mouche ou apache.

Que nos lecteurs encore peu habitués à notre jargon nous excusent maintenant si nous sommes peu clairs;

nous chercherons à mieux nous expliquer tout à l'heure.

Si je veux enfermer un rayon de soleil, un rayon d'astre, mon cube ne servira plus de rien; s'il est constitué par une cage à mouches, le soleil passera au travers, s'il s'agit d'une cellule de prison, il traversera les vitres, même épaisses, sans se laisser saisir.

Mais si je me sers d'une plaque photographique, un rayon de soleil va décomposer les sels d'argent et se fixer sur la plaque avec les images qu'il colorait.

Une surface plane, un plan de mathématicien suffit ici pour retenir un rayon astral.

Or, l'Occultisme enseigne que des êtres spéciaux circulent dans tous les rayons des astres; ces êtres n'ont pas de corps physiques, mais un corps de rayons lumineux appelés *corps astral*. Le plan sur lequel ces êtres vivent est appelé *plan astral*.

Pour enfermer ces êtres, il suffit d'une surface plane formée par la rencontre de deux ou trois lignes.

Enfin, si j'ai une idée que je ne veux communiquer à personne, je la garde pour moi, tapie dans *un point* de mon cerveau et c'est là un petit être spirituel dont je me servirai plus tard à ma guise.

Cet être spirituel peut par l'emploi du Verbe aller émotionner cent points cérébraux semblables au mien. Portée sur le char verbal, l'idée a multiplié et a revivifié d'elle-même. Là, plus de prison possible, ni le cube, ni le plan ne peuvent l'enfermer. Son essence est la liberté.

C'est là le caractère du *plan spirituel* ou plan des êtres divins dont notre esprit est une étincelle.

Pour conclure : il y a un *plan physique* avec des êtres physiques, pourvus d'un corps physique et dont le cube ou la construction à trois dimensions est le logement nécessaire : chambre, palais ou prison (espèce à trois dimensions).

Il y a un *plan astral* avec des êtres astraux, pourvus d'un corps astral et dont la surface plane est le logement nécessaire (espèce à deux dimensions).

Il y a un *plan spirituel* avec des esprits pourvus d'un corps spirituel et dont le point mathématique est le logement nécessaire (ici le temps et l'Espace n'agissent plus)

Voyons maintenant comment on peut étudier, dans leur plan respectif, les forces physiques, astrales et spirituelles. Nous nous bornerons à quelques idées générales très suffisantes pour le but que nous poursuivons.

II

Les Forces dans les trois Plans.

Les forces physiques sont faciles à étudier, puisqu'elles fonctionnent sur notre plan.

On pourrait s'occuper au choix soit des forces hydrauliques avec leurs gros organes, depuis la roue du moulin jusqu'à la conduite de l'usine moderne de « houille blanche ».

On pourrait aussi bien étudier la vapeur d'eau circulant dans sa mince tuyauterie.

On pourrait encore décrire l'électricité en circulation dans les fils métalliques.

Ce sont toutes des modalités de la force physique.

En général, cette force présente les cararctères suivants :

1° Nécessité d'un conducteur matériel ;

2° Dynamisme en rapport avec la condensation ou matérialisation de la force ;

3° Modifications produites sur la matière inerte par l'action des forces matérielles.

L'Etude d'une force astrale peut se poursuivre en suivant les modalités de la Lumière du Soleil agissant sur la Terre.

Cette force est d'abord animée d'une vitesse de déplacement considérable (plus de 200.000 kilomètres par seconde). Elle traverse ainsi d'immenses espaces avec la plus grande rapidité.

Cette force ne devient dynamique que si on la condense au moyen d'une résistance. Des miroirs permettront d'en retirer de la chaleur effective, on pourrait aussi, au moyen de condensateurs spéciaux, en retirer de l'électricité, mais, normalement, la lumière du Soleil traverse le verre sans le casser et indique ainsi le caractère d'une force astrale qui est de traverser les forces matérielles sans troubler ces dernières.

Enfin, comme la force solaire est la même que la force vitale qui circule dans tous les êtres vivants, cette force solaire est un puissant reconstituant physiologique.

Tels sont les caractères généraux d'une force astrale.

Nous n'avons pas à discuter ici l'origine réelle de la lumière solaire. Que cette lumière vienne réellement du Soleil, comme l'enseigne l'Astronomie actuelle, qu'elle soit au contraire produite dans l'atmosphère de notre planète par une émanation de force solaire neutre et qui se transforme en lumière, chaleur, électricité au contact de chaque planète, peu importe. Ce qui nous intéresse actuellement, c'est de suivre une force astrale en action sur la Terre. Pour le reste, les savants sont là pour résoudre ces questions d'origine toujours obscures et toujours trop techniques pour être abordées dans une étude toute élémentaire.

Les forces du *plan intellectuel* et *spirituel* sont encore peu connues des contemporains. Les collèges initiatiques de l'Antiquité et certaines sociétés mystérieuses de l'Inde, de l'Islam et aussi de l'Occident en ont eu des notions précises.

Les forces de ce plan agissent en dehors du Temps et de l'Espace. Elles se transmettent instantanément d'une planète à l'autre aussi bien qu'en deux points très éloignés de la Terre.

Pour se manifester, ces forces ont besoin d'un point d'appui matériel. Elles utilisent en général les organes nerveux et le cerveau des êtres vivants.

C'est donc une erreur de croire que des « chaînes de volonté » peuvent agir directement sur des événements sociaux.

Des chaînes de lumière physique pourraient aussi bien s'efforcer de briser des vitres matérielles. La lumière traverse la vitre sans rien détruire, la Pensée traverse les clichés astraux sans influence directe.

Il est donc très important d'éviter cette erreur de l'action des forces spirituelles sans outil matériel.

Jeanne d'Arc n'aurait rien pu faire sans une armée. Cette armée a accompli des miracles dès sa constitution, mais elle était nécessaire, parce que sur le plan matériel on ne peut agir dynamiquement qu'au moyen de forces matérielles.

Un être humain passé dans le plan spirituel n'a plus aucune action directe sur la matière. Il passe à travers les objets comme la lumière à travers le verre et il lui faudra utiliser des outils spéciaux comme la force vitale d'un médium humain, ou des résistances particulières comme le verre et le bois, pour se mettre en contact avec ce plan matériel dont il est si éloigné.

III

Les Communications entre les divers Plans.

Faire passer un être d'un plan dans un autre est un acte dans lequel il faut contrarier momentanément les lois de la Nature. Voilà pourquoi ce genre d'expériences est délicat, dangereux et plein de pièges et de fraudes.

Pour donner une idée claire du problème à résoudre, nous rappellerons dans quelles conditions des êtres phy-

siques peuvent se trouver dans des sections du plan physique différentes pour chacun d'eux de leur condition
d'existence normale.

Ainsi, voilà un poisson qui ne peut vivre que dans
l'eau. Si nous voulons le placer dans l'air qui est l'élément où nous, hommes, nous vivons, nous allons être
obligés de trouver un intermédiaire entre l'air et l'eau,
qui, dans le cas de notre poisson, sera un réceptacle de
verre contenant de l'eau.

Mais si nous voulons à notre tour aller visiter le pays
des poissons, il nous faudra un intermédiaire, renfermant l'air qui est notre pays, notre plan, et cet intermédiaire sera un costume de scaphandrier, qui sera pour
nous comme le bocal pour le poisson.

Ces images sont destinées à faire comprendre que pour
faire passer un être du plan astral, comme un mort, ou
mieux comme l'Esprit d'un être mort à la Terre, dans
le plan physique, il faudra trouver les intermédiaires
nécessaires.

Ces intermédiaires sont constitués par des forces vitales mises à la disposition de l'Esprit évoqué et par des
objets matériels sur lesquels l'Esprit puisse condenser
les forces mises à sa disposition.

Un peu d'histoire nous semble ici indispensable.

Vous rappelez-vous l'Histoire d'Ulysse racontée par

Homère. Voulant demander un conseil à son vieil ami Tirésias, prophète de son métier, Ulysse s'informe et apprend que Tirésias est mort.

Tout autre aurait laissé là tout projet de conversation, mais le héros d'Homère ne s'arrête pas pour si peu.

Il est mort, bien, *nous allons le faire revenir.*

Ulysse descend donc dans les plans astraux que les anciens appelaient les lieux inférieurs, *Infera*, les Enfers.

Là il prépare son expérience. Relisez-la dans le texte.) Il trace avec son épée un cercle, figure astrale qui l'entourera et empêchera les êtres du plan astral de l'approcher de trop près.

Ensuite Ulysse met en jeu la force chargée d'être l'intermédiaire entre les deux plans. Cette force, c'est le sang d'un chevreau égorgé dans le cercle.

Voilà la force médianimique ou médium de tous les initiés de l'Antiquité, le sang ou la force visible des Animaux.

Les fluides qui s'échappent du sang attirent les *esprits* en foule. Ulysse les écarte du cercle avec son épée. Il permet au seul Tirésias de humer les fluides vitaux du sang. Tirésias se matérialise alors, il parle et, passé pour un instant, du plan astral ou invisible, dans le plan physique ou visible, il donne à Ulysse les conseils nécessaires.

IV

L'Expérimentation. — Union du Visible et de l'Invisible. — Les Erreurs et les Pièges.

Dès qu'on perçoit la notion qu'il est possible de communiquer d'un plan à l'autre, aussitôt les espoirs les plus fous prennent naissance. On se figure qu'avec un intermédiaire humain ou médium quelconque le voile va, de suite, être levé et qu'on aura des paroles ou des nouvelles du cher disparu.

Certes non, cela n'est pas si facile que peuvent se le figurer les enthousiastes de la première heure qui vont au-devant de désillusions certaines et de bien cruels désespoirs.

Comme il s'agit ici d'une expérience de science véritable, il faut procéder avec beaucoup de méthode. On peut en effet communiquer sans difficultés :

1° Avec le cerveau du médium, que ce médium soit endormi ou non.

Au moyen d'un objet mauvais conducteur de l'électricité ou du fluide vital qui suit à peu près les mêmes lois, par exemple au moyen d'une table de bois, qui a remplacé la baguette des anciens, le médium unit et condense la vie du consultant à la sienne. Alors les pensées du consultant se *réflètent* par l'intermédiaire du médium et la table dit le nom, l'âge, le petit nom du défunt... et cependant le défunt n'a rien à voir dans cette affaire.

2° Qu'on nous pardonne de parler de choses qui vont sembler bizarres, mais la nécessité d'éviter des désillusions nous y pousse. Il s'agit ici des « clichés astraux ».

Toutes nos actions, bonnes ou mauvaises, flottent autour de nous et autour des objets qui nous environnaient quand nous avons accompli ces actes. Nous apparaissons alors aux yeux des voyants, comme l'acteur d'un cinématographe produisant des scènes en couleurs. C'est là ce qu'on appelle des « clichés astraux ».

Le médium peut évoquer une de ces scènes et le consultant se figure qu'il est en relations avec le défunt, ce qui n'est pas exact.

3° C'est donc en procédant par élimination, comme l'ont fait les savants qui se sont voués à ces études, qu'on parvient à établir un lien certain entre les êtres de la Terre et les Esprits de ceux qui ont jadis vécu ici-bas.

La communication par médium est donc moins sûre que la manifestation par les Songes, et c'est toujours à cette dernière que nous donnons la préférence.

Nous incitons les chercheurs sérieux à lire la collection des *Annales des Sciences Psychiques*, dont M. de

Vesme est directeur, et les ouvrages sur le *Spiritisme scientifique* et les *Apparitions Matérialisées*, de Gabriel Delanne. Après ces lectures, on sera bien en possession de toutes les difficultés du problème et on comprendra mieux nos avertissements.

V

La Foi active et la Prière.

La communication entre les vivants et les morts est en effet une chose si sacrée, qu'il faut bien se garder de la tenter à la légère. Certes, elle existe, elle est évidente, mais elle ne doit être jamais que la récompense accordée à la bonté, à la bonne volonté. Tout être humain qui a compris quelques parcelles des lois spirituelles n'essaiera pas volontairement d'appeler un disparu par crainte de lui porter un préjudice réel; par crainte aussi d'aller aveuglément à la rencontre de cruelles désillusions.

Que faut-il donc faire? ou plutôt que pouvons-nous faire pour élucider ce problème en apparence insoluble?

Il y a deux voies : l'une indirecte, l'autre directe. Dans la première, nous pouvons, par la lecture et l'étude des ouvrages spéciaux, arriver à une sorte de croyance intellectuelle, à une sorte de foi raisonnée. Le nombre réellement énorme de faits bien constatés, l'autorité qui s'attache au nom de certains chercheurs, peuvent déterminer dans nos cellules cérébrales une sorte de réceptivité favorable des faits que nous pourrions avoir à constater par nous-mêmes.

Mais la deuxième voie, la voie directe et personnelle, est de beaucoup préférable. Deux grands mots, deux grandes lumières illuminent ce chemin : la Foi active, la Prière.

La Foi, c'est l'intelligence du cœur. C'est la perception, par un autre organe que le cerveau, d'une vérité quelconque que ce dernier ne peut atteindre par lui-même, mais qu'il peut refléter dès qu'il est illuminé par les lumières du cœur. Une caractéristique de la connaissance par la Foi, c'est l'absence absolue du doute, la certitude sans ombres. Tandis que toute connaissance purement mentale ne peut arriver que rarement à cette certitude entière.

On pourrait comparer le cerveau à un rouleau de phonographe sur lequel seraient inscrites d'innombrables notions diverses; à la moindre excitation, ce rouleau se met en mouvement et présente l'une quelconque de ces notions, et cela, sans fin, tant qu'il dure. Si donc, nous voulons arriver à une certitude concernant la *survie* et les communications entre les vivants et les morts, par une voie strictement mentale, nous aurons à vaincre des objections toujours nouvelles, présentées à notre conscience par notre cerveau.

Au contraire, calmons notre mental en l'illuminant par la foi active; toute une série d'organes se développeront en nous, capables de connaître la vérité de la *survie* aussi nettement que nos yeux ont conscience du Soleil par un beau jour d'été. Nous saurons alors, sans discussion possible, que notre *moi* ne fait à la mort du corps que changer de véhicule, d'instrument, et qu'il est éternel. A ce moment, les faits observés seront réellement utiles et féconds.

Pratiquement donc, évitons, ou tout au moins ne faisons qu'avec la plus grande prudence une évocation d'un disparu. Recherchons le sentier de la Bonté, de la Charité; il nous amènera sûrement à la communication consciente et sans danger, dans le songe d'abord, dans d'autres états ensuite, avec ceux que nous avons réellement aimés en Dieu.

Et j'ai prononcé aussi le mot de Prière, mot si mal compris, chose si peu connue.

Je sortirais des limites que je me suis tracées en m'étendant sur ce chapitre; qu'il me soit permis cependant de dire que la prière est la clef vivante universelle. Par elle, l'homme plongé dans les ténèbres les plus complètes,

peut espérer revoir enfin la lumière qui brille éternelle-
ment au sommet de la Colline Sainte.

Par elle s'ouvriront pour lui les livres fermés de la
vie, de la mort et de la renaissance.

Par elle l'épreuve deviendra supportable et les roses
paraîtront sous les ronces du chemin.

Par elle, enfin, l'homme pourra soulever un jour le
voile qui sépare la vie de la mort, et, dès qu'il en aura la
force, apparaîtront les bien-aimés qu'il croyait perdus à
jamais. Apprenons donc à laisser s'échapper de notre
cœur cette force vivante et demandons la foi active
devant laquelle toute obscurité disparaîtra.

CHAPITRE IV

SECTION DU TAUREAU

Qu'est-ce que la mort pour le Philosophe ? — Les Morts sont des voyageurs. — La Mort pour la Patrie.

I

Qu'est-ce que la Mort pour le Philosophe?

Le changement qu'on croit apporté dans les conditions d'existence de l'être qui meurt dépend surtout des idées qui circulent dans le cerveau de ceux qui continuent à vivre sur Terre. L'être qui vient de mourir suit les lois immuables fixées par la Nature et il poursuit son évolution sans que ses croyances personnelles aient à intervenir. Si, comme nous le croyons fermement pour notre compte, quelque chose de nous subsiste dans un autre plan, cela est un fait que nous serons tous appelés, plus ou moins tard, à constater. Pourquoi donc nous quereller d'avance?

Les relations physiques se trouvant coupées entre le mort et les vivants, ce sont ces derniers qui prétendent trancher la question, et c'est ici qu'intervient la maturité cérébrale de chacun.

Pour les uns, la Mort est l'arrêt de tout ce que la Nature a fait jusque-là. Intelligence, sentiment, affections, tout disparaît brusquement et le corps redevient herbe, minéral ou fumée suivant le cas.

Pour les autres, la Mort est une libération. L'Ame,

toute lumière, se dégage du cadavre et s'envole vers les cieux, entourée d'anges et de glorieux esprits.

Entre ces deux opinions extrêmes existent toutes les croyances intermédiaires.

Les Panthéistes fondent la Personnalité du Mort dans les grands courants de la Vie Universelle.

Les Mystiques enseignent que l'Esprit libéré des entraves de la matière continue à vivre pour s'efforcer de sauver par son sacrifice ceux qui souffrent encore sur la terre.

Les Initiés des diverses écoles suivent l'évolution de l'être dans les divers plans de la Nature jusqu'au moment où cet être reviendra, et de par son désir, reprendre un nouveau corps physique sur la Planète où il n'a pas fini de « payer » son dû.

La Mort pour la Patrie libère l'Esprit presque toujours, d'un retour ou d'une réincarnation...

Que d'opinions, que de disputes, que de polémiques pour un fait naturel dont nous sommes assurés de voir la solution !

Mais on nous demandera notre opinion et, si elle peut intéresser le lecteur, nous dirons en toute loyauté : les Morts de la Terre sont les Vivants d'un autre plan d'évolution. A notre avis, la Nature est avare et ne laisse perdre dans le néant aucun de ses efforts. Un cerveau d'artiste ou de savant représente des années et des années de lente évolution. Pourquoi cela serait-il brusquement perdu?

Laissons chacun digérer en silence ses idées personnelles. *Astra inclinant, non necessitant.* Montrons ce que nous croyons être la route, ne forçons personne à s'y engager.

II

Les Morts sont des voyageurs momentanément absents.

Quand un de vos proches parents est en voyage dans une contrée éloignée, vous le suivez par la pensée et votre cœur est calme. Nous voudrions donner au lecteur cette sensation que nos morts ne sont pas disparus pour jamais, ce sont des voyageurs d'un autre plan, mais ils parcourent un pays où nous irons tous normalement, si nous évitons le désespoir et le suicide.

« Le ciel est là où l'on a mis son cœur », dit Swedenborg. Or, Notre Seigneur Christ, dont le nom est écrit dans le ciel depuis la création de la Terre, est un Sauveur dans tous les Plans et non un bourreau. Lui qui connaît les angoisses et toutes les douleurs, il s'efforce de réunir dans son amour, et ceux qui pleurent ici, et ceux qui voudraient « là-bas » crier : Mais ne vous désespérez pas, nous sommes là et notre amour vit en vous et par vous...

Il est clair que, de même qu'il n'y a pas sur Terre uniformité d'occupations et de rang social, il n'y a pas de règles fixes pour l'évolution dans ce que nous appelons le Plan Invisible.

Après une période plus ou moins longue de sommeil, sans souffrances, puisqu'il n'y a plus de matière terrestre, l'Esprit s'éveille et commence sa nouvelle existence.

Il s'attache tout d'abord à ceux qu'il a laissés sur terre et cherche à communiquer avec eux par le songe ou par un intermédiaire quelconque, s'il en trouve.

Il ne faut pas forcer les communications entre les divers plans, qui sont toujours délicates et peuvent présenter certains dangers. Quand, après un désir sincère, ou une prière ardente, accompagnée d'un acte de charité physique, morale ou intellectuelle, il est permis à l'Esprit de se manifester, cela a toujours lieu de manière à ne pas épouvanter l'être terrestre.

Au contraire, si on veut forcer les communications, on risque d'être trompé par le cerveau du médium qui, inconsciemment, répète les idées chères au consultant, ou par des images du disparu, photographies animées flottant en astral, ou par des êtres qui se servent du médium pour accaparer un peu d'existence matérielle.

Il faut donc savoir attendre des nouvelles du voyageur. Il faut demander avec calme d'obtenir la certitude de son existence effective... là-bas, et puis penser beaucoup au voyageur, l'aimanter d'amour et non de désespoir et de larmes, et alors, tout doucement, le voile se lèvera, un doux murmure remplira le cœur, le frisson de la présence de l'au-delà apparaîtra, et peu à peu un grand mystère sera révélé. A ce moment, il faut savoir se taire, ne pas livrer son secret aux profanes ou aux profanateurs.

Espérer, prier, avoir confiance dans le Sauveur et dans la Vierge de **Lumière, telle est la voie** qui conduit à la *paix du cœur.*

III

La Mort pour la Patrie libère de suite l'esprit de toute souffrance.

La plupart **des êtres humains ont une** existence partagée en deux sections. D'une part, chaque homme s'occupe de sa vie personnelle et de celle de sa famille, quand il en a une; d'autre part, ce même homme exerce une profession où une fonction utile à la collectivité.

En général, c'est la fonction extérieure utilisée par la collectivité qui procure les moyens matériels nécessaires à la vie personnelle et à celle des proches. Cette loi des deux plans d'existence : personnelle et collective, est commune à toute la Nature.

Ainsi un astre comme notre Terre a une vie personnelle (si l'on considère comme la vie d'un astre ses mouvements) caractérisés par sa rotation sur lui-même et une vie collective où l'astre n'est plus qu'un rouage de l'Univers quand il circule autour d'un Soleil.

Pour en revenir à l'être humain, il pourra changer de plan, c'est-à-dire, en langage vulgaire : mourir, pour trois raisons principales :

1° Pour lui-même, quand il meurt célibataire, sans proches, et d'un accident ou d'une maladie banale;

2° Pour les siens, quand il est amené à se sacrifier pour sauver sa famille ;

3° Pour la collectivité, quand il se sacrifie volontairement pour le salut ou la défense de sa patrie.

Dans chacun de ces cas, le changement de plan s'effectue avec des modalités différentes.

Le départ qui termine une existence de pur égoïsme est lent, et le dégagement laissé aux forces personnelles est plus douloureux.

Par contre, tout sacrifice est équilibré par une assistance immédiate de forces intelligentes des plans de dégagement. Appelons ces forces : Esprits, Anges, Ames de la Patrie, Idées-forces, qu'importe, puisque les noms ne font rien à l'affaire. Ce qu'il importe de savoir, c'est que celui qui meurt pour les autres est libéré de toute souffrance physique et dégagé de toute angoisse morale dès qu'il a changé de plan.

C'est là une application des lois universelles que l'être humain subit comme tous les êtres vivants, car pour la Nature, dans son impassibilité, un homme n'a souvent pas plus de valeur qu'une tige de blé, bien que l'orgueil de l'homme soit souvent incommensurable.

———————

ÉPILOGUE

Vision de Lumière : La Mort du Héros.

Un choc brusque... un afflux de sang au cœur... le défilé inattendu de grands événements de la vie terrestre... un évanouissement lent, ou mieux un doux sommeil... le calme et l'ombre... Le brave garçon vient d'être tué par une balle, alors qu'il était sorti pour l'assaut...

Des voix autour de lui, un paysage de lumière, des êtres de lumière aussi dont les corps se déplacent comme s'ils avaient des ailes... sa grand'mère qui l'a élevé et dont le visage est devenu si jeune... puis des voix consolatrices et de belles figures comme dans les images : des Anges ou des Saintes peut-être ?

Dans quel état se retrouve donc le combattant de tout à l'heure? Où est-il? Quels sont ces paysages étranges où tout est lumière? Son corps lui-même est lumineux, effilé et se déplace sans toucher aucun sol sur le désir de sa volonté... Il est guidé du reste par tous les êtres qui l'entourent et qui chantent sa venue...

Ma mère, je veux revoir ma mère ! !

Aussitôt, guidé par un esprit lumineux, le combattant s'enfonce dans les ténèbres. Il se trouve brusquement dans le cher logement de jadis, mais il ne peut rien saisir... il passe à travers les murs, comme à travers tous les objets... et personne ne perçoit sa présence.

Il voit sa chère mère angoissée... il se précipite vers elle... et cet élan d'amour fait un miracle... Sa mère le voit, mais elle s'évanouit en criant : « Mon fils, mon fils est mort... il vient de m'apparaître... »

Alors l'Esprit de l'enfant reste autour de l'être chéri laissé sur la Terre, il veut lui dire que la Mort n'est pas une souffrance pour lui, que le désespoir de ceux qui pleurent son départ est le seul trouble qu'il ait connu... mais les paroles ne sont pas entendues.

Seulement le rayonnement de son amour entoure de lumière le bel être invisible de cette femme qui a donné son fils à la Patrie, et qui, se souvenant du martyre de Marie, la mère de N.-S. Jésus, demande au ciel la force de supporter cette atroce douleur.

La nuit suivante, l'enfant peut enfin communiquer dans un songe avec sa mère chérie et lui dire : Ne pleure pas, car je suis toujours après de toi : ceux qu'on croit les morts, sont les guides de là-bas... courage et espoir, quand ta tâche sera finie sur Terre, je viendrai te chercher, comme grand'mère est venue pour moi.

Sèche tes larmes et sois forte : tu as bien mérité du Père, sois bénie.

MÉDITATIONS

SUR LE

" PATER "

———

MÉDITATIONS SUR LE « PATER »

Notre Père

Père.

Le Père évoque l'idée de créateur, et de créateur actif. En même temps ce terme implique l'idée de l'amour du créateur pour toutes ses créatures.

Le créateur, le Père, ne peut admettre qu'une de ses créations soit détruite sans son consentement, sans la permission du créateur. Aussi est-ce là un grand mystère que celui de la circulation de la vie universelle dans l'Univers et des rapports de cette vie universelle avec le Père céleste.

Pouvoir créateur actif et bonté souveraine, tels sont les deux principes évoqués par le terme : Notre Père.

Mentalisme.

Au point de vue purement intellectuel, le terme *pater* permet de comprendre comment les adeptes de toutes les religions communient dans la même idée de pouvoir créateur, de Bonté souveraine.

Le Brahmanisme y voit l'action du Pouvoir créateur actif : Brahma, équilibrant le pouvoir conservateur de Vichnou et le pouvoir transformateur de Shiva. Mais les initiés vont plus loin. Le Père est le point de *ya* opposé au point de *ma* (voyez Archéomètre). C'est le Yod mystique des cabbalistes et le premier élément du *nom* sacré. Il se rattache à Yod Pater (Youpiter : Jovis, des antiques sanctuaires). Il évoqué les *pitris* ou puissances créatrices du *père*. Pour le bouddhiste, ce terme se rattache aux enseignements de la Yoga des principes créateurs actifs et de leurs mystérieux mantrams... Pour l'Islam, c'est l'aboutissant du Nom dont le *al* est le pronom : Gabriel dit à Mohamed : Je suis le *al* de *lah*, le pronom dont le nom mystique est formidable. *Lah* est une des clefs du nom du Père du créateur d'Abraham et de son Eglise. *Allah* est Allah et Mohamed est son Prophète... Le souffisme donne les clefs actives de cette révélation.

Au point de vue astral inférieur, la Planète Jupiter est une des lettres du Père dans le ciel physique. L'Apocalypse donne les clefs de cette adaptation.

Qui es aux cieux

Les Cieux.

Tout être créé a son ciel, sa terre et son horizon, et son noyau central ou infernal, lieux inférieurs.

Au-dessus de la Terre brille le ciel des Etoiles et des Planètes avec son immense Mer fluidique où les astres, véritables navires, plongent et sortent des flots, où les routes zodiacales indiquent le chemin des arches célestes et où les puissances divines écrivent leurs arrêts en lettres de feu. De même l'homme a le Ciel, esprit qui illumine sa route, la vie astrale qui entretient ses forces, et les centres instinctifs infernaux qui obscurcissent son horizon. Ainsi la Terre a dans son centre et dans son cône de ténèbres bien des mystères inversifs.

Or, tout Ciel, à quelque plan qu'il appartienne, est le lieu de séjour du Père. S'il s'agit d'un être de péché comme l'homme qui s'est volontairement revêtu de la peau de la bête, alors l'étincelle céleste du Père est au centre de l'Esprit et brille au plus profond des couches obscures extérieures. S'il s'agit d'une planète, cette étincelle divine se manifeste dans le rayon de lumière qui unit la Planète à son Soleil.

Il faut donc déterminer le ciel d'un être pour découvrir le centre vrai de l'action du Père.

Cœli enarrant Gloriam Dei.

Les cieux racontent la Gloire du Père.

Aucune action du Père ne se produit sans être écrite dans les cieux physiques par le mouvement des Lettres-astres, des envoyés du ciel, des Angeloï... Celui qui veut comprendre doit donc étudier les mouvements des Astres: Astronomie, Astrologie, Astrosophie, Astropha-nie, tels sont les échelons qui conduisent peu à peu à la connaissance du séjour du Père dans tous les plans... à l'étude de ces « Cieux » dans lesquels irradie la Gloire divine, de ces « Schamaïm » ou cieux fluides dont l'Arche était symboliquement entourée sous forme de la Mer d'airain... enfin le mental ne peut aborder ce problème qu'à travers l'étude des mouvements astraux. Pour celui qui demande, le ciel s'ouvre sans études mentales et les Dominations parlent directement au cœur.

Si le Christ, Verbe fait chair, est bien l'envoyé du Père, il faut que le 25 Décembre, au jour de la venue, on voie dans le ciel les clichés de cette incarnation.

Or, à cette date, la Vierge céleste, le Bœuf, l'Ane, entourent dans le ciel l'étable où les Mages et les Bergers viennent adorer l'Annoncé.

Notre Père... qui êtes dans *les Cieux*... O Mystère profond, digne d'occuper toute une existence humaine pour

celui qui veut comprendre l'union du Père et des cycles
de l'éternité astrale...

Que ton Nom soit sanctifié

Le Nom Divin.

Une légende rabbinique prétend que celui qui sait prononcer le véritable Nom Divin peut accomplir tous les
miracles et ressusciter les morts...

Les ennemis du Christ disaient même que c'est en ayant
surpris les secrets de cette prononciation que N.-S. accom-
plissait ses œuvres miraculeuses.

Toutes ces légendes cachent, comme toujours, une profonde vérité : à savoir que connaître le nom Divin c'est
savoir la clef de toutes les sciences humaines, et l'Initiation antique était uniquement basée sur l'étude du nom
Divin et de ses adaptations.

D'après la cabbale hébraïque, la divinité est extério-
risée par dix noms dont le seul ésotérique est le qua-
trième, formé de quatre lettres et tellement puissant qu'il
est défendu de l'épeler. Ce nom s'écrit : « כהדק » en
hébreu et se prononce pour les profanes : Adonaï (Le
Seigneur), et pour les initiés : Ieve, d'après les quatre
lettres de constitution: Iod, Hé, Vao, Hé

Ce nom du Père céleste est constitué de telle sorte qu'il
donne la clef de tout le savoir humain. Saint-Yves d'Al-

6

veydre, dans sa *Mission des Juifs*, montre en effet que le second Hé de ce nom insigne correspond aux Sciences Naturelles et à l'étude de la Nature naturée, le Vao, aux Sciences de la vie humaine, de la biologie de l'humanité, le Premier Hé aux Sciences de la Nature Naturante, et enfin le Iod aux Sciences de la Nature Divine elle-même.

Les chiffres des lettres de ce nom sont aussi instructifs: La première lettre Iod a pour nombre 10, et ce nombre constitue le résultat de l'addition de tous les nombres des astres ou planètes (Saint-Yves : Archéomètre). Par contre, le nombre 565, qui correspond aux trois autres lettres, Hé, Vao, Hé, du nom du Père, indique le total de l'addition des nombres attribués aux signes immobiles du zodiaque.

Celui qui connaît le nom du Père ne peut plus le profaner sans nier lui-même toute la création et sa raison d'être.

Ce nom est le chemin qui conduit à la connaissance du Poids, du Nombre et de la Mesure de tout l'Univers et par suite à la connaissance des Sciences et des Arts susceptibles de traduire ces hautes vérités pour les profanes.

En évoquant au commencement de sa prière ce *nom* divin, Notre-Seigneur rattache donc son apostolat à tous les mystères antiques, de même que l'attribution à chacun

des évangélistes, plus tard, d'une forme du Sphinx, indi-
quera davantage ce rattachement symbolisé par l'adora-
tion des Mages lors de la naissance du Sauveur...

Sur ce NOM il y aurait donc des volumes à écrire,
comme le montre le P. Kircher dans son *Œdipus Ægyp-
tiacus*. Nous ne pouvons ici que faire entrevoir cette
importante question. (Voir notre volume sur la *Cabbale* et
notre étude sur *Le Tarot*.)

Que veut indiquer maintenant l'expression : *Soit sanctifié ?*

Que ton Nom soit sanctifié

Celui qui connaît les secrets du nom du Père ne peut
plus prononcer ce nom qu'en tremblant et en priant.

Bien plus, par l'effet de l'évocation de ce nom, la bouche
qui l'énonce, le cerveau qui crée les clichés de chaque
son que prononce le larynx, l'air qui vibre sous l'énoncé
de la Parole, tout devient un sanctuaire et reçoit un rayon
de la divine lumière.

C'est donc seulement dans un sanctuaire que ce nom
qui sanctifie tout peut être évoqué, et l'homme doit
s'efforcer de créer en lui un tel centre de divine évolution.

Cette création peut se réaliser par un triple effort :

1° Sanctification du Corps physique par le jeûne, le
végétarisme et le régime de tout entraînement mystique;

2° Création du Sanctuaire astral ou animique par la Domination des clichés passionnels dans tous les plans;

3° Création du Sanctuaire mental par le Silence et l'observation de ne pas penser mal des absents.

Enfin la Prière et l'Appel à l'assistance divine créent le sanctuaire spirituel en nous. Le Pardon et le détachement de tout ce qui est terrestre complètent cet entraînement.

C'est alors, et alors seulement, que le Créateur trouve dans sa créature l'habitation élue de ses efforts et de ses forces et de toute la Puissance de ce divin créateur.

Que ton règne arrive

Le Père a laissé à l'Homme sa liberté et l'être humain organise à sa volonté les organes sociaux et les groupements collectifs. Le Royaume a donc été volontairement partagé par le Créateur.

L'Homme est libre dans sa sphère sociale comme le passager est libre dans sa cabine. Le passager, une fois dans cette cabine et pendant la durée du voyage, peut l'orner à sa guise, la meubler même selon son goût comme les milliardaires américains, il peut même s'y suicider et tout cela n'influe en rien sur la marche générale du navire et sur la vie des autres passagers.

Or, la marche générale du navire Univers est réservée au Créateur, seul maître de tout, mais il a laissé un petit royaume à l'être humain et celui-ci en abuse souvent.

Si l'homme comprend, il adapte ses lois personnelles à celles du Père, et alors le Règne du Père est réalisé.

C'est à cette réalisation que doivent tendre tous les efforts des véritables enfants du Ciel.

La Connaissance du Règne du Père implique l'étude de toutes les lois de l'Harmonie dans tous les plans.

Que ta volonté soit faite

L'Homme, pour sortir de l'état d'obscurité où l'a plongé sa révolte lorsqu'il constituait l'Adam Kadmon ou Humanité collective, doit développer une série de facultés qui lui permettront plus tard de lutter effectivement contre les clichés anciens qui reviendront.

Pour le développement de ces facultés, la Volonté joue un grand rôle. Mais l'homme est tellement orgueilleux de la possession de cette volonté qu'il se fait centre et s'efforce de lutter contre toute autre incitation, même contre la volonté du Père.

Savoir abdiquer toute puissance dans la main divine, savoir obéir et s'incliner d'autant plus qu'on est puissant et qu'on peut se croire tout permis, savoir chasser hors de son esprit l'affreux doute et suivre la voie droite dans le milieu, tout cela c'est le travail demandé à tous ceux qui préfèrent la Volonté du Père à leur propre volition.

Il existe dans tous les plans de matière une force inversive intelligente qui vient de l'appartement du Grand Révolté céleste, l'ancien Séraphin Lucifer. Que les sceptiques et les ignorants des choses saintes ricanent ici, peu importe, cette force inversive existe, comme le cône d'ombre que la Terre traîne à sa suite dans le Ciel existe, comme l'ombre de tout être matérialisé existe aussi...

Les mystiques appellent cette force, quand elle agit ici : le Prince de ce Monde. A la fin du *Pater*, le Christ décrira ses moyens d'a ion et le domaine de cette force inversive.

Disons seulement ici que la lutte de la Volonté infime de l'Homme contre la Volonté du Père, lutte permise parce que la Liberté a été laissée à l'homme, est le grand moyen d'action de cette puissance inversive.

Elle rattache l'Homme à tout ce qui est de ce monde, à tout ce qu'on laisse ici à la mort : les biens matériels, les affections purement terrestres, l'égoïsme de la vie assurée quand les autres meurent de faim à notre porte.

Alors arrive la Guerre, la grande crise de fièvre sociale. Tout ce qu'on croyait bâti sur le roc éternel s'écroule. l'Argent ne sert plus pour acheter des objets devenus brusquement introuvables, la maison où l'on était sûr de finir ses jours s'écroule en quelques minutes sous la ruée des obus, il faut fuir sur la route en abandonnant tout, et riche fermier hier, on est aujourd'hui un pauvre émigré qui implore un toît pour sa femme et ses petits, bien heureux encore quand l'homme est là et quand la pauvre femme n'a pas dû partir seule, droit devant elle.

Alors la Volonté du Père s'accomplit malgré l'héroïsme humain. On comprend, on s'incline et on prie : Père, que *ta volonté* soit faite...

Sur la terre comme au ciel

Chaque objet ou chaque être terrestre a son ombre et sa lumière. Chaque être de l'univers est constitué par divers plans : ainsi la Terre a un noyau central, un revêtement végétal avec des fleuves et des montagnes, une atmosphère dans laquelle baignent les rayons solaires, le jour, et la douce clarté des étoiles et de la Lune, la nuit.

Pour notre Soleil, le ciel c'est toute la route zodiacale avec ses millions de soleils semblables à lui.

Pour l'être humain, comme pour tout être matérialisé, le ciel n'est pas dans les nuages terrestres, il est au dedans de l'Homme lui-même, dans son Esprit, puisque l'homme est, d'après saint Paul : *Corpus, Anima et Spiritus.*

Terre et ciel sont donc les termes universels et non particuliers, ils désignent tout Supérieur de tout Inférieur.

Le Ciel de l'Homme c'est son Esprit, sa terre c'est son corps. Père, que ta Volonté soit faite dans mon Corps comme dans mon Esprit, dit l'homme qui sait.

Père, que ta Volonté soit faite sur mes champs, sur mes vignes, sur mes produits du travail, comme elle s'écrit tous les soirs en lettres de feu dans le ciel, dit l'agriculteur qui a compris...

Et c'est là la clef de la loi du retour des créatures vers le Créateur.

Harmonie de toutes les terres, Harmonie de tous les ciels dans l'adaptation à une volonté unique : celle du Père.

Savoir reconnaître ce qui est Terre, puis ce qui est Ciel et savoir tout adapter à la divine harmonie : c'est là un des secrets de la Science véritable : celle de la Vie dans tous les plans.

Donne-nous chaque jour notre pain quotidien

Ici commence dans le *Pater* ce qui concerne directement l'homme. Le pêcheur demande l'assistance du Père pour supporter les épreuves du jour qui commence. La soif de posséder et la crainte de manquer existent dans toute la Nature matérialisée. Les plantes marines, auxquelles le flux a apporté la nourriture, sont angoissées par la crainte de manquer pendant tout le reflux. Il en est de même de la nature humaine.

Si le Sauveur n'avait pas crié : « Elie m'as-tu abandonné », le pécheur qui doute de l'assistance du Père ne serait pas pardonné. Mais cette parole du Verbe incarné est inscrite dans le Livre de Vie pour excuser toutes les défaillances et toutes les angoisses.

La vie matérielle en période d'incarnation est destinée à générer en nous des facultés dont notre Esprit aura grand besoin pour ses luttes futures. Pour supporter les épreuves il faut une sorte d'entraînement gradué et les épreuves sont aussi graduées selon notre force de résistance. En demandant au Père notre pain quotidien, nous ne lui demandons pas seulement le pain du corps, qu'il fera l'impossible s'il le faut pour nous donner, mais aussi le pain de l'âme et celui de l'Esprit.

Le Pain quotidien de l'âme, c'est la force de création des bons clichés astraux autour de nous, et le Pain quotidien de l'Esprit, ce sont les Epreuves.

Il n'y a pas d'arbres qui produisent de belles fleurs sur Terre sans que là-bas, en dessous, ses racines ne croissent dans l'ombre en écartant avec peine les pierres dures et en perçant la terre ingrate.

Or, toute Faculté-Fleur humaine nécessite aussi pour croître le dur travail des Epreuves-Racines.

Le Père n'abandonnera jamais sa créature, et c'est lui-même qui vient souffrir avec elle au moment de la douleur. Et les visions de ceux qui perçoivent l'invisible et les songes des simples montrent le Sauveur apparaissant au moment des passages angoissants de la Vie.

Il apparaît et il vient dire : « Enfant du rêve, sois courageux... Si la puissance terrible de la Mort se manifeste autour de toi pour les tiens... ne te désespère pas tout à fait... je serai là... près de ton cœur brisé... appelle-moi au plus profond de ta douleur... et tu verras alors que je suis réellement le Sauveur et tu sentiras ma présence au plus profond de toi-même... Prie fermement et dis avec moi... *Pater da nobis hodie panem nostrum quotidianum...* »

Pardonne-nous nos offenses comme nous les pardonnons à ceux qui nous ont offensés.

Après le soutien du plan physique, après le triple pain matériel, voici la clef de l'évolution de l'âme sur tous les plans.

Il faut rapprocher ici le texte latin de la glose française :

Dimitte nobis debita nostra sicut et nos dimittimus debitoribus nostris.

qu'on peut traduire : remets-nous nos dettes comme nous remettons les dettes de ceux qui sont débiteurs envers nous.

Toute poursuite, même justifiée en apparence, est contraire à l'enseignement divin. Pardonnez-nous toujours et toujours, remettez toujours les dettes et votre acquis deviendra de plus en plus grand, les étoiles s'ajouteront aux étoiles dans votre sphère invisible, d'autant plus que vous passerez sur la Terre pour un niais et un être trop bêtement bon.

Il est difficile de rester toujours défendeur devant les tribunaux, de perdre ses procès et de ne jamais vouloir être demandeur, mais il y a là dans tous les plans une voie d'évolution tellement sûre et tellement précise que celui qui la connaît ne l'abandonne plus jamais.

Une autre conséquence de cette parole, c'est qu'on doit toujours rendre en lumière ce qui a été fait dans l'ombre.

Le mal habite les ténèbres, il craint la lumière. Donc, si vous avez à reprendre votre frère, faites-le devant lui-même et en lumière.

Si, au contraire, vous avez à faire du bien à votre frère, faites-le à l'insu de tous et dans l'ombre. Vous payez ainsi les dettes de tous envers les calomniés, les déshérités et les malheureux de tous genres.

Il faut que l'âme respire une atmosphère astrale pure et le pardon est la grande clef d'évolution pour l'âme, comme la prière est la clef d'évolution pour l'Esprit.

Savoir s'abstenir, souffrir, prier et pardonner est une des voies les plus actives de la mystique pratique.

Toutes les religions, rattachées véritablement à un centre divin, ont mis en pratique les enseignements donnés par le Sauveur dans cette admirable partie de sa prière.

Préservez-nous de la tentation

Le latin dit plus clairement : *Ne nos inducas in tentationem.* Ne nous conduis pas *dans* la voie de la Tentation.

L'Homme ne peut progresser que par un entraînement chaque jour plus intensif. Pour résister aux entraînements qui nous assailliront dans le plan spirituel, nous devons, dès maintenant, savoir chasser ces clichés enivrants qui se représentent chacun trois fois devant le centre de toutes nos sensations. (4ᵉ Ventricule.)

Un cliché détermine d'abord une impulsion légère. Si nous résistons, le cliché revient une seconde fois plus fort. Cette fois nous ne pouvons résister avec nos seules forces : il faut demander l'aide d'en haut. Si nous demandons, on nous donne un être de lumière qui nous vient comme un ami et qui lutte à nos côtés.

Puis le cliché revient une dernière fois plus fort encore et de nouveau il faut appeler à l'aide, non seulement par des pensées, mais encore par des actes. Il faut nous entourer d'une auréole de lumières si cette fois nous voulons remporter une victoire définitive. Si nous gagnons, le cliché est brisé. Il ne se représentera plus. Si nous succombons, il faudra que le ciel descende en nous pour effacer l'ombre placée par nous dans notre atmosphère spirituelle Ce sera l'objet du verset suivant.

Cet enseignement sur la triple venue de chaque tentation ne sera compris que de ceux qui connaissent la marche des clichés d'où résultent la plupart de nos actes.

Ce qu'il importe surtout de savoir, c'est que nous ne pouvons rien seuls. Il faut demander au Père de graduer les poussées à notre force de résistance d'après la formule « *Astra inclinant non necessitant* ». Le Destin incline vers une voie, il ne *force pas*.

Toute passion est en somme une incitation cérébrale vers une voie élevée ou inférieure selon le cliché. L'entraînement de la volonté a pour but de faire frein à ce mouvement impulsif. Si nous demandons aide pour cette action, alors nous avons toutes les chances de vaincre le Destin. Le carré du mal 25, carré de 5, est équilibré par le

Carré du nombre de Dieu 3 égale 9 et le carré du nombre de l'Homme ou 4 égale 16. Ce sont les Chinois qui ont enseigné ce système à Pythagore, et les Universitaires d'Europe en ont fait un pont aux ânes pour le Baccalauréat, sans le comprendre plus que les écoliers. Père céleste, reçois notre prière, et mène-nous loin du chemin des clichés tentateurs...

Mais délivrez-nous du mal

Sed libera nos a malo, dit le latin.

L'être humain est faible sur Terre et il tire souvent un rideau entre sa volonté et la bienfaisante influence du Père. Il faut que la pitié divine traverse les épaisseurs d'ombre pour venir sauver la créature aveuglée.

Le mal a tout envahi et le pauvre n'a plus aucune force pour dominer les tentations. C'est alors que le rôle du Sauveur se manifeste avec plus de splendeur encore s'il est possible. Il descend aux enfers encore une fois, la pureté céleste s'abîme dans les éclaboussures des mauvais clichés et, tel le diamant qui traverse la boue sans souillure intime, telle cette force christique vient brûler les écorces sans en être entamée. Pour cela, que faut-il? Un élan de la créature vers son créateur.

Tel le blessé dans le fossé gémit doucement et attire.

le secours, tel le pécheur qui manifeste un faible élan est aussitôt exaucé.

Et la libération du mal peut être physique, comme dans les guérisons par le Christ ou en son nom. Elle peut être animique, comme dans les désespoirs profonds où le Sauveur vient manifester sa présence et sa paix, elle peut être aussi spirituelle quand la Foi certaine vient libérer l'Esprit de ses doutes et de ses insidieuses questions.

Et notons que le mal n'est pas personnifié.

Il existe des puissances inversives, mais nous, nous ne savons sur tout l'invisible que bien peu de choses.

Certains ont fait de l'ancien Dieu Pan un diable actuel cornu et tordu. L'antique Typhon d'Egypte a longtemps fait trembler les petits enfants. Mais le Sauveur ne veut pas personnaliser le mal.

Il demande au Père de l'effacer dans ses effets sur les trois centres de l'être humain et c'est tout. Car il s'agit là d'une question immédiate et dans laquelle les sophismes philosophiques ne sauraient avoir de prise.

Sauvons d'abord le pécheur qui appelle du secours et nous discuterons ensuite.

Père céleste, si j'ai mal compris mon frère des autres appartements de ton Royaume, si je crois être le seul sage ou le seul possesseur de la Vérité, manifeste ta force, montre-moi que, comme l'a dit le Verbe incarné, « il y a plusieurs appartements dans la Maison du Père » et redonne-moi la charité et l'humilité génératrices de toute vertu positive.

Père, délivre-nous du mal.

Car à Toi seul appartiennent la Royauté et la Justice et la Force dans les cycles de l'Éternité.

L'Eglise latine termine le Pater après le dernier verset dont nous venons de parler. Mais l'Eglise grecque a conservé le verset dit « Esotérique », réponse de la créature aux bienfaits du Créateur.

οτί ση εστιν η Βασιλεία, καί η Δοξα καί' ἡ Δυναμις εις τους Αίωνας. Αμην

Dans le plan de l'Esprit, toute direction vraie, toute Royauté spirituelle vient de *toi*, ô Père céleste.

Dans le plan animique, toute harmonie sociale et morale, toute Justice vraie vient de *toi* et seulement de *toi*, ô Père céleste.

Dans le plan matériel, toute force active, tout moteur d'un monde avec ses soleils, ses planètes et ses continents ou d'une petite cellule avec son noyau solaire, son plasma planétaire et son enveloppe zodiacale, tout vient de *toi* et seulement de *toi*.

Et dans les cycles éoniens de l'Eternité, tout être crée,

ou toute chose existante crient dans leur triple plan de manifestation :

Saint, Saint, Saint est le Seigneur, le Père divin dont la vie circule dans l'Eternité, dont le Verbe détermine toute existence, et dont l'*esprit* lumière illumine tout être matérialisé.

Vita, Verbum et Lux, Basileia, Doxa, Dunamis, mystère profond que l'âme perçoit dans la Prière et qui donne à celui qui le possède le plus grand bien qu'on peut espérer sur Terre : La paix du Cœur...

Amen.

Lors d'un congrès des Religions tenu jadis à Chicago, au moment où l'un des membres présents prononça les paroles Saintes : « Notre Père qui êtes aux Cieux », les représentants de toutes les religions alors présents répondirent en énonçant les mêmes paroles.

La Première phrase de la Prière du Verbe faisait l'union de tous les humains ayant conscience de ce qu'est une prière.

Nous avons déjà étudié jadis le « Pater » et si aujourd'hui nous reprenons cette étude, il est clair que nous redirons bien des choses énoncées jadis. Mais nous nous efforcerons aussi d'approfondir encore ce sujet si vaste, qu'une existence entière ne suffirait pas à l'épuiser, si plein d'enseignement qu'aucune science humaine ne peut y atteindre, et si élevé qu'il met en mouvement les forces les plus obscures comme les plus hautes de tous les plans de l'Univers vivant.

Aussi c'est en tremblant que nous abordons encore un pareil sujet.

Jadis, lors d'une profonde douleur, la première étude du « Pater » et de ses adaptations cabbalistiques fut pour nous l'origine de profondes consolations. Aujourd'hui, dans les horreurs de la guerre, cheminant avec notre ambulance de village en village, loin des miens, et ne sachant plus si demain j'aurai encore quelque chose à moi dans le plan matériel ou si même la vie physique me restera, au milieu des plaintes et des vaillances indescriptibles, ce « Pater Noster » reste le phare qui chasse tous les désespoirs et qui ramène toutes les contingences terrestres vers le point où tout est immortel et éternel : vers le Règne du Père évoqué par le Christ comme rempart de toute épreuve.

Ce commentaire est donc après tout une prière parlée. S'il peut être utile à d'autres, tant mieux, il fut pour moi le saint viatique dans les épreuves et le bouclier contre les crises de désespoir, tant il est vrai que le Verbe est créateur dans tous les plans et que les paroles écrites au « Livre de Vie » sont génératrices de dons célestes.

Qu'on me pardonne donc la faiblesse de mon discours par rapport à la grandeur du sujet et qu'on sache que les erreurs et les fautes contenues dans ces pages n'ont d'autre origine que mon ignorance des choses saintes et mon orgueil de vouloir aborder un plan où seuls ceux qui « sont sanctifiés » ont le droit d'atteindre.

Que les milliers d'envoyés permanents de l'appartement du Verbe, que ces Angéloï me pardonnent, car je ne suis qu'un pécheur, et non pas un reflet de cette lumière stellaire, apo-stellaire ou apo-stolique qui illumine tout être venant en ce monde.

Le « Pater », nous l'avons déjà montré, comprend l'analyse de trois plans de forces : les Forces Divines dans les mots : Père, Cieux, Volonté, Règne, Terre, Ciel ; les Forces Humaines : Pain, Dettes (ou Offenses) ; les Forces Inversives : Péché, Tentation.

Enfin, le retour aux Forces Divines dans le verset du Pater conservé par l'Eglise grecque : « *Oti sè estin è Basileia kai è doxa, kai dynamis eis tous aiônas* » Amen.

Car *tu es* la *Royauté* et la *Règle* et la *Force* dans les cycles générateurs...

———

TROIS

OPUSCULES POSTHUMES

Saint Yves d'Alveydre. — Comment on se
défend contre l'envoûtement. — Le Jeune
Soldat.

SAINT YVES D'ALVEYDRE

Saint-Yves d'Alveydre est une des figures les plus émi-
nentes des études de haute philosophie dans toutes leurs
modalités.

Admirable écrivain, sociologue de grande envergure,
historien puissant, orientaliste possédant complètement
le maniement de l'hébreu et du sanscrit, musicien sans
rival, Saint-Yves a abordé avec bonheur toutes les adaptations de l'Esotérisme. Cet auteur n'est pas encore « dé-
couvert » par la critique, et nul doute que, dans quelques
années, cette découverte ne soit considérée comme un
grand événement tout à l'honneur de la France.

Nous ne voulons pas ici parler de la biographie ordinaire de notre maître, nous voulons seulement rappeler
l'auteur et son œuvre, renvoyant pour le reste au travail
de Barlet sur ce sujet.

Les littérateurs et les artistes seront émus par l'étude
des œuvres poétiques de Saint-Yves, le *Testament lyrique*,
aujourd'hui introuvable, ses divers poèmes à la Reine

d'Angleterre ou aux souverains de Russie, et surtout son admirable *Jeanne d'Arc victorieuse*, que nous ne saurions trop recommander aux artistes dignes de ce nom.

Comme sociologue, Saint-Yves a consacré la plus grande partie de sa vie à la défense et à la diffusion d'une nouvelle forme d'organisation sociale, « La Synarchie ».

La Synarchie n'est pas une forme sociale nouvelle. Elle a été en fonctions dans l'humanité pendant des milliers d'années, et *la Mission des Juifs* de Saint-Yves consacre ses neuf cents pages à la démonstration de cette thèse à travers l'Histoire universelle.

La Mission des Souverains et *la France vraie* démontrent quels immédiats progrès seraient accomplis par l'application de la Synarchie à nos formes sociales actuelles, dans tous les pays.

Un immense malheur a soudain frappé Saint-Yves. La compagne à laquelle il avait voué toute sa vie est soudain prise par la Mort impitoyable, malgré les nuits de veille et les mois de lutte de Saint-Yves, qui s'est révélé à ce moment comme un mari digne de ce nom et de ce titre dans le sens chrétien du terme.

Cette mort qui devait tout anéantir a tout sauvé. Du plus profond du désespoir, la voix de la chère disparue a résonné, et c'est un ange de là-haut qui accompagne désormais dans tous ses efforts le pauvre exilé d'ici-bas.

Sous la direction et l'inspiration de la disparue, de nouvelles œuvres d'un caractère tout nouveau prennent naissance.

L'Archéomètre et ses applications vont voir le jour.

Qu'est-ce que l'Archéomètre?

Nous en publierons un jour une analyse, mais nous allons tout de suite en dire quelques mots.

L'Archéomètre, c'est l'instrument dont se sont servis les anciens pour la constitution de tous les mythes ésotériques des Religions. C'est le canon de l'Art antique dans ses diverses manifestations architecturales, musicales, poétiques ou théogoniques.

C'est le Ciel qui parle: chaque Etoile, chaque constellation, deviennent une lettre ou une phrase, ou un nom Divin éclairant d'un jour nouveau les anciennes traditions de tous les peuples.

Ce sont les clefs archéométriques que Saint-Yves a appliquées à une nouvelle traduction de la Genèse de Moïse, dans un ouvrage trop peu connu : *La Théogonie des Patriarches*. Rapprochée de la Vulgate, de la traduction de Fabre d'Olivet et d'autres essais antérieurs, la nouvelle adaptation des paroles de Moïse par la prose rytmée de Saint-Yves est du plus haut intérêt pour les membres, pasteurs ou laïcs, de toutes les églises de la chrétienté.

Entre temps, Saint-Yves, initié directement par des Brahmes indous, avait écrit sa *Mission de l'Inde*, où la question du « Mahatma » est résolue définitivement et clairement. Ses « Amis » ont pieusement réimprimé cet ouvrage dont tous les exemplaires, sauf un, avaient été détruits.

Il y a donc là un, ou mieux plusieurs sujets d'étude pour les critiques futurs, et nous ne savons ce qui frappera le plus la postérité, de l'immense érudition de l'auteur, de son style si personnel et si brillant ou des révélations si élevées de l'initié et de l'historien.

Saint-Yves d'Alveydre a eu beaucoup d'ennemis. Certains ont outrageusement copié ses œuvres en l'insultant encore en de petites notes perfides. Chose remarquable et preuve de l'immanente justice, la seule œuvre copiée et décalquée dans les idées du Maître a frappé le public et a pu atteindre de nombreuses éditions. Toutes les œuvres vraiment tirées de leur propre fonds par les plagiaires n'ont obtenu que l'insuccès qu'elles méritaient si largement.

Saint-Yves ignorait les anciens élèves félons, ses

« amis » ne peuvent être plus royalistes que ce Roi intellectuel.

Laissons les lecteurs juger la question en toute indépendance et engageons-les vivement à étudier et à commenter notre auteur.

Ils feront ainsi œuvre utile et pour eux et pour sa mémoire.

COMMENT ON SE DÉFEND
CONTRE L'ENVOUTEMENT

I

L'envoûtement est l'empoisonnement — ou tentative d'empoisonnement — de l'astral d'un être par la haine d'un autre.

Dire du mal d'un absent, chercher à lui nuire à son insu, sont des envoûtements verbaux. Penser qu'il arrivera du mal à un être qu'on trouve trop heureux, c'est un envoûtement mental.

Voilà ce qu'on peut appeler l'envoûtement inconscient.

A côté de cela existe l'envoûtement conscient, pratiqué par des ignorants ou des misérables qui espèrent tirer de l'argent de la haine, qui ne savent pas la terrible responsabilité qu'ils encourent et le mal qu'ils s'attirent sur eux-mêmes. C'est un peu comme le malheureux qui aime à la folie une femme et qui la tue par jalousie, pour qu'elle ne soit pas à un autre, en se privant lui-même de l'objet de son amour et en se faisant condamner à de longs mois de prison.

Telle est la caractéristique de l'envoûtement : chercher à semer autour d'êtres heureux le malheur terrestre par la pensée ou par l'action.

Nous avons toujours prétendu qu'il était très difficile de réaliser sur terre un véritable envoûtement sur des êtres qui vivent à peu près normalement leur vie, puisque sur terre nous sommes tous faibles et pécheurs.

J'ai dit dans plusieurs de mes conférences que si l'envoûtement existait au point où se le figurent ceux qui agissent en mal, il n'y aurait plus à Paris un seul huissier vivant.

L'être humain même accomplissant des fonctions rébarbatives comme celles de bourreau, joue un rôle qui doit être joué par quelqu'un et ce rôle à ses gardiens invisibles, de même que chaque être humain a aussi ses gardiens qui empêchent les actions nocives occultes.

Celui qui fait du bien de son mieux, qui n'a, par jour, que les douze ou quatorze accès d'égoïsme compatibles avec la vie humaine normale, celui qui a confiance en l'invisible et en son aide constante, n'a rien à craindre des envoûteurs ni de l'envoûtement.

Il est cependant des cerveaux faibles, des pécheurs aveugles, des réincarnés malheureux, des paysans, qui ont eu la pensée, plusieurs fois, d'agir en mal sur leurs voisins, s'ils le pouvaient, et qui ne l'ont pas fait seulement par ignorance des moyens. Tous ceux-là on ouvert la porte au fluide de haine, et peuvent être l'objet d'actions nocives occultes.

Comme la justice régulière, éclairée par les médecins gardiens de la science officielle, considère tout cela comme du domaine de l'aliénation mentale, et que huit fois sur dix la femme sujet ou la femme médium qui perçoit des influences occultes est considérée comme une folle, les envoûteurs ont beau jeu et peuvent exercer leur petite industrie avec le calme d'un brigand qui possède une retraite sûre où jamais les gendarmes ne pourront le découvrir.

Il nous a donc semblé utile d'étudier en détail, non pas le moyen d'envoûter, ce qui serait semer de l'ombre dans la lumière, mais le moyen de se défendre contre l'envoûtement. Ce moyen comporte, pour l'être humain, trois étapes :

1° La mise du mental en état de propreté ;

2° L'augmentation des forces spirituelles ;

3° La dynamisation des forces astrales qui entourent chaque être humain.

Pour les animaux, il y aura aussi une étude spéciale qui suivra celle-ci.

II

L'homme irradie autour de lui des forces physiques comme la chaleur, l'électricité ; il irradie aussi des forces psychiques, comme les ondes vitales, généralement connues sous le nom de Magnétisme.

Ce fait était enseigné 3.000 ans avant Jésus-Christ, en Egypte, où l'on voit figurer la pratique du maniement des forces magnétiques, connue sous le nom de « Sa ».

Avant d'irradier autour de lui des forces, l'homme en absorbe. — Nous ne parlons pas du côté physiologique de la question, bien connu des médecins, mais du côté psychique que ces derniers ne connaissent pas encore.

De même qu'un paysage vu à l'état de joie ou à l'état de douleur et de désespoir impressionne différemment l'esprit, de même l'irradiation des forces psychiques et leur absorption sont différentes, suivant l'état mental de l'opérateur. C'est comme deux vases dont l'un contient du poison et l'autre de l'eau potable. Tout liquide ajouté du poison sera empoisonné, tout liquide ajouté à l'eau saine sera buvable.

Un individu rancunier, jaloux, attaché aux choses terrestres et plein de haine, est un générateur de poison psychique ; les forces mauvaises qu'il cultive sont chez lui comme chez elles ; et si l'on veut le débarrasser d'actions psychiques ou d'idées de haine lancées contre lui, il faudra d'abord nettoyer l'invisible de cet être, comme il aurait fallu nettoyer le vase contenant du poison, avant de pouvoir s'en servir utilement.

Les Pythagoriciens pratiquaient le nettoyage mental par le silence, accompagné d'un régime physique dont était exclu soigneusement l'astral des animaux.

A notre époque il faut demander à la personne qui veut se débarrasser de mauvaises idées, ou de mauvaises influences psychiques — si cette personne n'est pas une malade cérébrale — il faut lui demander de s'abstenir soigneusement, pendant au moins douze jours, de dire du mal des absents, de penser des idées d'envie, et de surveiller attentivement le domaine de ses pensées, comme on surveille le lait sur le feu.

Il y a là une hygiène du mental qui demanderait une étude tout à fait spéciale, que nous ne pouvons qu'indiquer rapidement dans ces pages tout élémentaires.

A l'hygiène du mental, qui n'est qu'un plan de réflexion et qui ne crée rien par lui-même, il faut ajouter l'action des principes spirituels.

Ici la prière a une influence considérable.

Par prière nous entendons tout acte spirituel qui provoque réellement l'influence des forces d'en haut. Pour être active, la prière doit être accompagnée d'actes et ces actes doivent être vivants au point de vue social ; c'est-à-dire que prier ne consiste pas à dire automatiquement des paroles élevées, en se mettant à genoux ; mais qu'il faut s'efforcer de tout cœur de pardonner à ses ennemis, de demander pour eux la lumière, car Dieu a ce caractère qu'il aime nos ennemis autant qu'il nous aime nous-mêmes. La prière n'est vivante qu'autant qu'elle est accompagnée d'un acte qui coûte et qui vivifie le cœur. Si vous êtes pauvre, vous pouvez aller consoler des êtres désespérés, des malades, des prisonniers, des filles publiques ; vous donnez un peu de votre temps — la seule richesse que vous ayez — pour les autres. Si vous avez des fonds matériels, si vous êtes un caissier social, il faut chercher vous-même des malheureux, fuir les professionnels de la mendicité, qui sont des larves humaines, et sauver vous-même des familles de misérables en payant les loyers arriérés ou en donnant à manger à ceux qui manquent du nécessaire.

Il faut faire cela vous-même, et non par des intermédiaires, sans quoi vous perdez une grande partie des forces spirituelles que vous auriez acquises autrement.

Celui qui s'entraîne au pardon des ennemis, à la prière et aux actes qui dynamisent ses principes supérieurs, est complètement à l'abri de tout envoûtement ; les essais de projections de forces astrales mauvaises se butent contre son « aura » spirituelle, comme la balle contre le pont d'un cuirassé, et toutes les forces reviennent vers leur point de départ.

Donc, lorsqu'on a affaire à un être désespéré, victime réellement de forces invisibles, il faut d'abord procéder à la dispersion des mauvaises forces psychiques qui sont autour de cet être, comme nous venons de le dire. C'est après cela qu'on peut commencer la dynamisation des forces astrales dont nous allons parler maintenant.

———

Il existe une substance dans la nature, qui a la singulière propriété sur le plan visible d'absorber toutes les impuretés : c'est le charbon, braise ou charbon de bois. On sait que la poudre de charbon purifie l'eau, absorbe les gaz délétères, et est très employée dans les usines pour différents usages de ce genre. Or, le charbon absorbe également les fluides psychiques.

Supposez un détraqué qui, tous les soirs à la même heure, envoie de mauvaises pensées vers un être dont il veut empoisonner le mental. Ces mauvaises pensées sont accompagnées de projections de forces psychiques, de même qu'un poison est en général dissous dans un liquide.

Si la personne qui est l'objet de ces actions néfastes place autour d'elle ou sur elle du charbon de bois, les fluides envoyés iront s'absorber dans le charbon au lieu de pénétrer l'astral de l'envoûté.

Il suffit donc — comme ces mauvaises actions ont généralement lieu la nuit — de placer trois morceaux de braise ordinaire dans une assiette, sous son lit, et de les jeter dans l'eau courante, le matin, pour rendre nuls physiquement les effets des actions des envoûteurs.

C'est là un procédé de défense très simple et qui nous a souvent donné les meilleurs résultats.

Quand le charbon n'agit pas assez vite, on peut aider son action par l'emploi des signes dits : signes magiques. Ces signes se rapportent à des hiéroglyphes et à des images du monde invisible ; ce sont des lettres du langage des êtres invisibles, sur lesquelles ils ont une forte action.

On trouvera dans les traités de magie, anciens et modernes, une liste de ces signes.

Aux défenses passives peuvent s'ajouter les défenses actives.

La force employée par les envoûteurs est de la famille de l'électricité. Dans les maisons hantées, où généralement une jeune fille ou un enfant sert de médium, la force agissante brise les corps mauvais conducteurs de l'électricité, comme le verre ou la porcelaine, et met en mouvement les corps métalliques, comme les casseroles, les pincettes et autres objets. (Voir, pour plus de détails, l'affaire de Cideville et mon étude sur la maison hantée de Valence en Brie.)

Or, les pointes agissent sur cette force exactement comme sur l'électricité ; si bien que si l'on a la chance de présenter une pointe dans un courant de force psychique, ce courant est immédiatement détruit avec production d'une étincelle ou de gerbes de feu. J'ai fait de nombreuses expériences personnelles positives à ce sujet. L'épée du magicien, le couteau du bon sorcier, le clou emmanché sur un bâton de l'ignorant, sont des instruments de défense effective contre ces forces lorsqu'elles ont atteint un dynamisme tel qu'il y a production des phénomènes constituant la maison hantée.

Donc on peut se défendre en s'entourant de pointes, exactement comme on défend une maison contre l'électricité par l'emploi des paratonnerres.

On peut également se dégager en se servant des végétaux ou des animaux.

De même que l'homme a le droit de moissonner pour sa nourriture ou de cueillir les fruits pour sa subsistance, de même il a le droit, en cas de défense nécessaire, d'utiliser les êtres inférieurs, après en avoir demandé la permission.

J.-J. Jacob, l'auteur du *Tout Universel*, conseille, en été, de se promener au bord des chemins en arrachant quelques feuilles des petits végétaux qui bordent la route : c'est un dégagement magnétique.

On peut aussi, tous les jours à la même heure, appliquer ses mains sur une plante, et l'on verra, malgré tous les soins dont elle est entourée, la plante s'étioler et mourir peu à peu.

Nous ne conseillons pas l'usage des animaux pour la défense, comme le faisaient les anciens Egyptiens : la pratique expose à de trop grandes responsabilités spirituelles.

Ce dégagement sur les végétaux est surtout très efficace dans le cas où l'envoûteur a fait une image ou volt de l'envoûté, ou dans le cas où il a utilisé des animaux pour empoisonner l'astral de son ennemi.

Dans ce cas, l'action sur les végétaux peut être accompagnée d'une action sur la photographie de l'envoûté.

Cette photographie doit être une épreuve directe et no
un contre-type reproduit par impression. Il faut encense
cette photographie en lune montante, deux fois par jou
et l'entourer de parfums, sans l'encenser, en lune des
cendante, sauf les dimanches où l'on doit l'encenser e
tout temps.

Il y a une pratique spéciale sur les photographies qu
augmente la rapidité d'action ; mais cette pratique es
réservée à la Société de Rose-Croix et ne doit pas êtr
divulguée.

Si l'on est en relations avec la personne maléficié
elle-même, on peut agir magnétiquement. Un de nos cor
respondants a guéri ainsi plusieurs cas considérés comm
désespérés. Saltzmann, dans son livre sur le magnétism
spirituel, indique une série de procédés des plus efficaces

Nous allons résumer cette action magnétique :

1° Il faut placer les sujets sur lesquels on veut agir
debout, les mains levées, la paume tournée en haut et er
dehors ;

2° Il faut se placer soi-même derrière le sujet ;

3° Il faut que l'opérateur place les mains au niveau
du ventre du sujet, la paume tournée vers le ventre, e
il faut ramener les mains vers les reins, en allant auss
doucement que possible.

Arrivé aux reins, il faut secouer les mains et souffler dessus.

On doit recommencer trois fois cette passe.

Ensuite on monte au niveau du plexus cardiaque, c'est-à-dire au niveau du cœur. On ramène les mains jusqu'au milieu du dos ; et on se dégage de même en recommençant trois fois cette passe.

Enfin on agit de même pour la tête en ramenant les mains du front à la nuque. Il faut aller aussi doucement que possible. On termine par un dégagement magnétique en faisant devant le sujet des passes de dégagement et des souffles froids.

Cette opération, recommencée tous les huit jours, donne des résultats remarquables.

Si l'action magnétique, qui est très puissante, ne suffit pas, on peut utiliser les transferts hypnotiques tels qu'ils ont été pratiqués par Babinski et Luitz, et tels qu'ils sont encore pratiqués dans la clinique du 16, rue Rodier, à Paris.

Le transfert, dans tous les cas d'affection nerveuse, donne des résultats d'autant plus remarquables qu'on n'endort pas le sujet malade, qui conserve toutes ses facultés.

Lorsque l'action individuelle ne suffit pas à dégager complètement une personne envoûtée, il faut rechercher

s'il n'y a pas de troubles psychiques, d'idées de persé-
cution et de désordres mentaux qui relèvent des médecins spécialistes ; il faut faire une étude très sérieuse
de l'état spirituel et mental du sujet, car, presque toujours,
il y a des larves mentales (cama manasiques) des boud-
dhistes.

Dans ce cas, l'action individuelle ne suffit pas et il faut
défendre le malade par le groupement des forces psychiques.

Il existe des Sociétés de défense des malheureux ou
des désespérés, sociétés se rattachant à l'illuminisme, et
qui ont pour principal caractère de demander des efforts
spirituels à leurs membres, et non de l'argent.

Les loges Martinistes, les groupements de la Rose-
Croix se vouent à ces œuvres de défense collective.

Lors donc qu'un être est attaqué collectivement, il peut
être guéri par une action individuelle ; mais si cette
action n'est pas suffisante, il peut s'adresser aux Sociétés
de défense d'ordre collectif.

———

En résumé, la défense contre l'envoûtement comprend
trois phases :

1° Mise du mental en état de propreté : silence, végétarisme, respiration ;

2° Augmentation des forces spirituelles : prières, pardon, charité ;

3° Emploi des objets physiques comme moyen de défense astrale : charbon, paroles magiques, pointes, végétaux, photographie.

Emploi subséquent des sociétés collectives, — organisation des clubs de traitement psychique, tentée dernièrement par les Américains.

Tels sont, en résumé, les procédés de défense relatifs à l'être humain.

LE JEUNE SOLDAT

A Chaumont-sur-Argonne, près de Pierrefitte, dans une tranchée, un jeune Allemand était mort, tenant près de sa tête et à hauteur des yeux son livre de prières...

Pauvre victime de la folie des grands, je te salue et je joins mes prières à celles qui ont illuminé ton Esprit au moment du départ. Sentant la mort venir, tu as bravement préparé ton âme à la séparation physique, et, obscur héros, tu as fait appel à Celui qui nous entend tous... Que ton geste soit béni. Qu'importe que tu sois un ennemi de ma Patrie et un envoyé de ces orgueilleux qui ont sacrifié la fleur de leurs hommes à la basse satisfaction de leur ambition.

Petit grain de sable dans ce choc immense, tu es parti, tu as obéi, et tu es venu te faire broyer physiquement dans une tranchée quelconque au milieu des champs de France et près des bois... Mais si ton corps est retourné à cette Terre qui l'avait nourri et fait grandir, ton Esprit, sur lequel aucune force matérielle n'a de prise, a été libéré et s'est élevé, glorieux, dans les plans de l'empyrée...

Dans le cœur de Notre-Seigneur, il n'y a plus ni amis ni ennemis quand la terrible Mort a passé, il n'y a plus que des Esprits qui se sont sacrifiés pour l'Idéal, et qui ont abouti au terme brusque de leur route terrestre...

Et le parfum de la prière a sanctifié tes derniers instants... et j'ai passé et j'ai senti ton Esprit calme dans son évolution bien gagnée, et j'ai voulu, moi aussi, joindre mes prières aux tiennes...

Ennemis d'hier, sachons communier aujourd'hui dans l'Idéal supérieur aux querelles humaines.

Tu as une famille, pauvre petit, une mère qui va pleurer, des sœurs qui se souviendront, et des frères qui t'imiteront peut-être.

Et tous, dans leur douleur, vont aussi se prosterner et prier... Victime innocente des ambitions aveugles et des égoïsmes profonds, envoyé de la barbarie aveugle contre l'évolution consciente et lumineuse des Peuples libres, tu as fait ton devoir, mais la main impitoyable du Destin t'a marqué de son doigt et ton évolution s'accomplit.

Demain tu reviendras sur terre, mais tu auras bu le léthé... victime inconnue... je te salue et je prie avec toi...

Nicey, 19 septembre 1914.

TABLE DES MATIÈRES

CE QUE DEVIENNENT NOS MORTS

Imprimeries Réunies, 8, rue Rachais, Lyon.

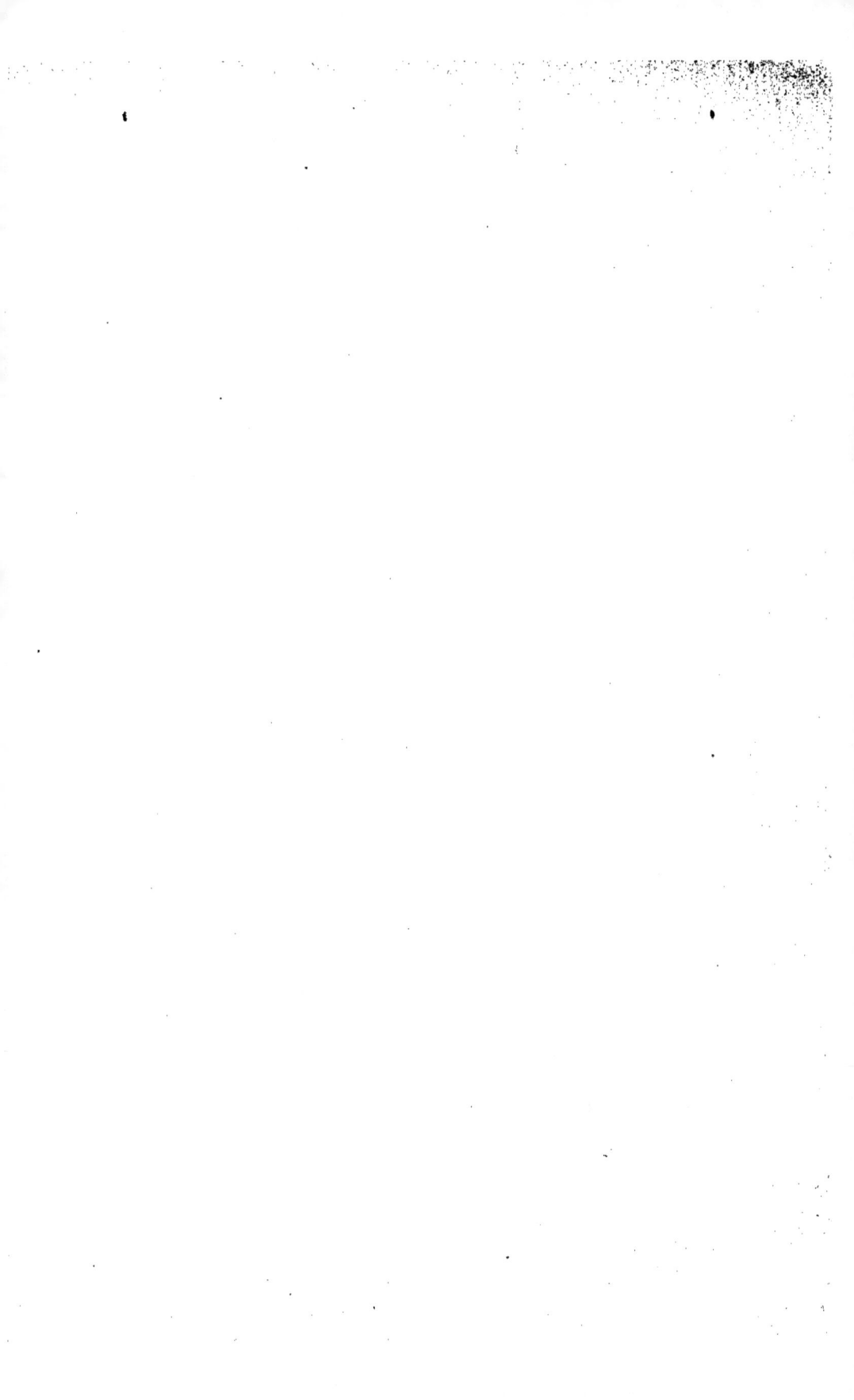

www.ingramcontent.com/pod-product-compliance
Lightning Source LLC
Chambersburg PA
CBHW071953110426
42744CB00030B/1236